BEGEGNUNG MIT DEM HORIZONT

GRÖNLAND

Der Eisbär bewohnt den höchsten Norden der Erde ... und findet sich bloß da, wo das Wasser einen großen Teil des Jahres hindurch oder beständig, wenigstens teilweise, zu Eis erstarrt ... Von keinem anderen Wesen beirrt oder gefährdet, der eifrigsten Kälte und den fürchterlichsten, uns schier undenkbaren Unwettern sorglos trotzend, streift er dort durch Land und Meere ... und im Notfalle muß ihm der Schnee selbst zur Decke, zum Schutze, zum Lager werden.

Brehms Tierleben

»Ueber uns ein Nebeldach, das die Welt rundherum ausschloß ... und im Hintergrund ein Schimmer von Land, alles Eis, Gletscher und Nebel.« Fridtjof Nansen.

Wie eine riesige Zunge schiebt der Jakobshavner Gletscher mit einer Geschwindigkeit von 30 Metern pro Tag seine Eismassen ins Polarmeer.

Land von eiskalter Schönheit – in dem der Mensch mehr als anderswo von der Natur in seine Schranken gewiesen wird.

BEGEGNUNG MIT DEM HORIZONT

GRÖNLAND

Fotos Hubert Stadler
Text Hans Joachim Kürtz
Norbert Schürer

Bucher

INHALT

Die berauschende Schönheit des Eises,
Begegnung mit Kälte und Einsamkeit,
Leben unter extremen Klimabedingungen:
Grönland – Insel am Ende der Welt.

Seite 1: Das Wappentier Grönlands: Der Eisbär – Links: Ausbootmanöver vor Sarqaq. – Mitte: Bei Uummannaq. – Rechts: »Arktischer Spielplatz« auf den Klippen vor Uummannaq.

Wenn sich die Blätter der Heidelbeerstauden im Herbst rot färben, bietet die karge Küstenzone herrliche Farbkontraste.

Nahe der kleinen Ortschaft Sarqaq stieß man auf die Überreste einer 3000 Jahre alten Eskimo-Kultur, die nach dem Fundort benannt wurde.

GRÖNLAND – INSEL UNTER EWIGEM EIS

Die mit Perlen bestickte Frauentracht wird auch von jungen Grönländerinnen zu besonderen Anlässen stolz getragen.

Wer war denn schon Kolumbus, daß man über ihn Erik den Roten vergaß?

Vom Qorqupgletscher treiben Eisberge herbei, perlmuttweiß und blaugläsern, mächtige Abbrüche vom ewigen Eis, das sich in Jahrhunderttausenden als kilometerdicker Frostpanzer über das Innere Grönlands gelegt hat. Gemächlich driften die Eisriesen an den Ruinen vorüber, die von der legendären Siedlung Brattahlid überdauert haben: Fundamente der Hofstatt Eriks des Roten und Mauerreste vom Gotteshaus Thjodhilds, seiner Frau. Qassiarsuk heißt der Ort heute, Tunulliarfik der Eriksfjord der Saga, auf dem die schwimmenden Berge meerwärts ziehen. Nachschub kommt reichlich von der Eiswüste im Landesinneren.

Nein, nicht Kolumbus gebührt der Ruhm, als erster Weißer seinen Fuß in die Neue Welt gesetzt zu haben. Der erste war jener Wikinger Erik, der von Island herbeisegelte, als man ihn dort wegen Totschlags für drei Jahre mit dem Bann belegte. Mit seiner Knarr, dem offenen Lastboot, war er vor dem Packeis der Ostküste Grönlands südwärts gefahren, hatte das sturmumtoste Kap Farvel umrundet und war an der Westküste an Land gegangen. Damit hatte Erik den amerikanischen Kontinent durch seine arktische Hintertür betreten. Denn erdgeschichtlich gesehen ist Grönland Teil des kanadischen Felsenschildes.

Dabei könnte diese größte und eisigste Insel der Welt durchaus ein eigener kleiner Kontinent zwischen Amerika und Europa sein. Das Kap Farvel im Süden liegt noch etwas südlicher als Oslo – den nördlichsten Schotterbuckel, das kleine Eiland Oodaap, trennen nur noch 740 Kilometer vom Nordpol. Oodaap wird erst seit dem Jahr 1978 auf der Landkarte verzeichnet – es ist das nördlichste Stück Erde überhaupt. Zwischen dieser Nordschäre und dem Sturmkap im Süden liegt mit 2670 Kilometern die Entfernung von Flensburg nach Casablanca. An der exakten, offiziellen Größe Grönlands messen die Geodäten noch immer herum. Vorerst haben sie sich auf eine Fläche von 2 187 700 Quadratkilometer verständigt – das vereinte Deutschland hätte darauf fast sechseinhalbmal Platz. 1 799 850 Quadratkilometer der Insel bedeckt das ewige Eis, das die hohen Küstengebirge wie eine riesige Schüssel festhalten. Darauf könnte man Deutschland, Frankreich, Italien und Spanien nebeneinander ausbreiten. Eisfrei ist Grönland nur an seinen Rändern. Selbst im Süden, wo Erik der Rote seinerzeit noch 500 Kilometer unterhalb des Polarkreises an Land ging, ist der Kältepanzer nirgendwo weiter als hundert Kilometer von der Küste entfernt. Nur an diesem schmalen Saum blieb dem Menschen Platz für seine Siedlungen – auch nur im Süden und an der mittleren Westküste. Wie in alten Zeiten sind nur an diesen Küstenstreifen die Temperaturen das ganze Jahr über erträglich. So leben heute auf dem ganzen kalten »Kontinent« nicht einmal so viele Menschen wie in Schweinfurt – nämlich 55 000.

Von einem längst abgeschmolzenen Gletscher glattgeschliffene Felsen, die durch Eisenablagerungen rotbraun leuchten. Hinter dem kleinen See aus Schmelzwasser ragt steil der 1200 Meter hohe Felsen von Uummannaq auf.

Hinter den fröhlich-bunten Holzhäusern von Uummannaq erheben sich in der Ferne die Gebirgszüge der Halbinsel Nuussuaq, auch im Sommer tief verschneit.

DIE ERSTEN SIEDLER

Erik hatte nach gründlicher Erkundung der Terra incognita ein paar hundert landsuchende Bauern aus seiner alten Heimat nachgeholt, samt Familien und Gesinde, Kühen und Schafen, Hausrat und Bauholz. Nur 14 der 25 vollgepackten Knarrs kamen am Ziel an. Wer nach 1200 Kilometern im Kampf mit den Wellen die verheißenen grünen Wiesen an den Fjorden um das spätere Brattahlid erreichte, baute seinen Hof an die Ufer: Diese isländischen Landnehmer waren die ersten europäischen Siedler in der Neuen Welt. Das alles geschah um das Jahr 985. Nur – war denn nun wirklich dieser Erik der erste Europäer an der eisigen Küste? Experten haben ihre Zweifel. Schon 400 Jahre vor Erik waren andere Seefahrer vor Grönland aufgetaucht: Keltische Mönche aus den Klöstern Irlands. Voller Poesie schildert die im 9. Jahrhundert niedergeschriebene *Navigatio Sancti Brendani Abbatis* die Seereise des heiligen Brendan um die Mitte des 6. Jahrhunderts. Der Abt war mit 17 Mönchen zu einer sieben Jahre dauernden Reise in die nördlichen Breiten aufgebrochen – in einem Curragh, einem Boot aus harzgetränkten Ochsenfellen. Mit einem Nachbau hat man 1976 die 3000 Seemeilen zwischen Irland und Grönland in 34 Tagen bewältigt.

Wahrscheinlich hatten Brendan und seine frommen Brüder die grönländische Küste erreicht. Jedenfalls gerieten sie beim Anblick von Eisbergen und Gletscherwänden ins Schwärmen: «[. . .] Vor ihnen lag das Paradies. Eine Mauer bis in die Wolken türmte sich vor ihnen empor, weißer als Schnee und ohne alle Fugen [. . .].»

Das allgegenwärtige Eis: Drei Millionen Kubikkilometer Kälte, bis zu 3300 Meter Mächtigkeit angewachsen – dieses gigantische Gefrieraggregat hat immer das Leben auf Grönland bestimmt. Kein anderer Erdenzipfel hat den Homo sapiens so unerbittlich herausgefordert wie dieser Lebensraum an der «äußersten Grenze menschlicher Existenz», wie es der große, auf Grönland geborene Eskimoforscher Knud Rasmussen formuliert hat. Die hier, am Rand der bewohnten Erde, auf Dauer zu überleben wußten, waren schon 3000 Jahre vor den Europäern auf die Insel gekommen – von Ostsibirien über das Wintereis der Beringstraße. Sie wanderten in einem 10 000-Kilometer-Marsch über den Polarsaum des amerikanischen Kontinents. Sie setzten von Kanada über die zugefrorene Naresstraße nach Grönland über. Dort, im höchsten Norden der Insel, schlugen sie ihre Zelthäuser auf. Es waren Eskimo, die sich selber Inuit, «Menschen», (in der Einzahl Inuk) nannten – die Urväter und -mütter der heutigen Grönländer.

Der charakteristisch geformte Berg gab der Stadt ihren Namen: Uummannaq bedeutet »Herz« – in der Vorstellung der Inuit zeigt beim Herz die Spitze nach oben. Im Vordergrund der alte, zu klein gewordene Friedhof der Stadt.

Was vor 5000 Jahren am nördlichsten Ende der Welt im Zeitraum von nur wenigen Generationen geschah, war eine der ungewöhnlichsten Leistungen der Menschheit, urteilt die Eskimologin Patricia Sutherland: «Nachdem sich die Inuit entschlossen hatten, im kältesten und unwirtlichsten Teil der bewohnbaren Welt zu leben, entwickelten sie Techniken, Kenntnisse und Fähigkeiten, die ihnen nicht nur ermöglichten, zu überleben, sondern die ihnen auch eine karge, aber relativ gesicherte Existenz erlaubten. Trotz ihrer geringen Zahl bewohnten sie Millionen von Quadratkilometern, die sich über 120 Längengrade erstrecken – über ein Drittel des Umfangs der nördlichen Hemisphäre, von Nordalaska bis zum östlichen Grönland.»

Von diesen Menschen der Kälte am anderen, eisigen Ende der Insel wußten Erik und seine Bauern nichts, als sie ihre Höfe auf die grünen Wiesen im Süden bauten. Die Kunde von dem neuen Land der unbegrenzten Möglichkeiten ließ immer neue Knarrs Kurs auf Grönland nehmen. Das weite Siedlungsgebiet Østerbygd um Brattahlid füllte sich – die Landnehmer segelten die Westküste ein paar hundert Kilometer weiter hinauf, in die Gegend des heutigen Nuuk. Dort entstand Vesterbygd. Bald zählten beide Siedlungen 250 Höfe. In der Blütezeit, um 1200, lebten hier 5000 Europäer.

Die Einwanderer betrieben wie daheim intensive Viehwirtschaft. Allein im Østerbygd, so haben Agrarwissenschaftler hochgerechnet, müssen über 4000 Rinder geweidet haben. Sie brauchten für die langen Winter nicht weniger als 20 000 Tonnen Heu. Woher nahmen die Nordleute in der Nachbarschaft des ewigen Eises diese gewaltigen Futtermengen?

Die Antwort haben inzwischen moderne Untersuchungsmethoden gegeben. Es war auf Grönland wesentlich wärmer, als Erik dort an Land ging. Klimadaten, die man aus dem Inlandeis erbohrt hat (*siehe Seite 36*), belegen eine etwa drei Jahrhunderte dauernde Wärmeperiode für alle nördlichen Länder – in Schottland betrieben die Kelten erfolgreich Weinbau. Im Eis eingeschlossene Blütenpollen zeugen von üppiger Vegetation – mit Birkenwäldern an den heute nackten Berghängen. Die Bäume verschwanden bald. Aschespuren zwischen den Pollen zeigen, daß die nachfolgenden Siedler durch Brandrodung neue Weidegründe schufen.

«Erik hieß dieses Land Grünland, wohl weil er meinte, ein so schöner Name werde die Menschen schon verlocken, sich dort niederzulassen», notierte Ari der Gelehrte um 1150 in seinem «Islendigabok». Doch das Werben mit dem «grünen Land» war keineswegs nur ein geschickter Schachzug Eriks: Grönland war wirklich ein

grünes Land. Und die Siedler halfen kräftig nach – durch ausgeklügelte Bewässerungssysteme und fleißige Düngung der Wiesen mit Stallmist, wie dänische Agrarexperten bei ihren Forschungen herausfanden.

Eriks Sohn Leif war im Jahr 999 mit Eisbärenfellen, Narwalzähnen und Jagdfalken als Geschenken nach Bergen gereist, um dem norwegischen König Olaf Tryggeson Nachricht von der neuen Kolonie zu geben – erst ein Jahr später gestattete dieser ihm heimzukehren, christlich getauft und von einem Priester begleitet. Erik, treuer Anhänger des Vorväterglaubens an Thor und seine Götterschar, widersetzte sich jedoch allen Bekehrungsversuchen. Mutter Thjodhild dagegen – ein frühes Beispiel für Emanzipation – ließ auf Brattahlid das erste Kirchlein Grönlands bauen. Dem trotzigen Beharren ihres Mannes begegnete sie mit Liebesentzug. «Thjodhild wollte mit Erik nicht mehr wie Mann und Frau zusammenleben, nachdem sie den Glauben gewechselt hatte, was Erik sehr erzürnte», vermerkt die Saga.

Geistliches Oberhaupt für die Gläubigen in Grönland war anfangs der Erzbischof von Bremen. Doch der hatte mehr als vage Vorstellungen von seinen neuen Gotteskindern. In seiner «Kirchengeschichte» schrieb Domherr Adam von Bremen um 1075: «Die Menschen dort sind von der Salzflut blaugrün, woher auch das Land seinen Namen hat. Sie führen ein Leben ähnlich den Isländern, nur daß sie blutgieriger sind und als Räuber die Seefahrenden anfallen.» Später gab man den Grönländern einen eigenen Bischof. Dieser sollte vor Ort dafür sorgen, daß die Grönländer nicht die allfälligen Kreuzzugszehnten und Peterspfennige für Rom vergaßen: zentnerweise Walroß- und Narwalzähne. Dieses nordische Elfenbein für die Kultgeräte der Kirchen Europas war mehr als Goldes wert, solange man noch keinen Elefantenzahn aus Indien oder Afrika hatte.

Deutsche Kreuzfahrer hatten 1191 aus der norwegischen Hafenstadt Bergen berichtet, von überall her kämen Schiffe mit kostbaren Waren – viele auch aus Grönland. Neben dem Elfenbein brachten sie «Bocks- und Rindshäute, Robbenfelle und Riemen aus Walroßhaut, so gut und dick, daß solche 60 Männer nicht zerreißen konnten», dazu Jagdfalken und Eisbären für die Fürstenhäuser Europas. Dafür lieferte man Getreide, Holz und Werkzeuge nach Grönland – auch die neueste europäische Mode, wie man aus Grabfunden weiß. Ohne diesen regelmäßigen Nachschub hätten die Nordleute auf Grönland nicht existieren können.

Doch irgendwann verabschiedeten sich die weißen Grönländer bis zum letzten Mann unbemerkt aus der Weltgeschichte. Schon 1341 berichtete man über das verwaiste Vesterbygd: «Da gab es reichlich verwilderte Pferde, Ziegen und Schafe. Aber da waren keine Menschen, weder Christen noch Heiden.» 150 Jahre später

Die Frau ist bei den Inuit traditionell dem Mann gleichgestellt. Zu ihren wichtigsten Aufgaben zählte früher die Verarbeitung der Jagdbeute, wozu auch die Kunst der Pelzbearbeitung und das Anfertigen der überlebensnotwendigen, warmen Kleidung gehört.

«Das Hundegespann ist eine Person, die der Eskimo heiratet, und die ihn heiratet. Ohne seine Hunde ist er nicht er selbst.» Jean Malaurie, französischer Anthropologe.

So unersetzlich wie die Hunde zu Lande ist das Boot auf dem Wasser.

Die glasklare Luft läßt die weit entfernten Berge der Halbinsel Nuussuaq ganz nah an die letzten Häuschen von Uummannaq heranrücken.

Nur an wenigen Stellen bieten die um die ganze Insel laufenden Berge den Gletschern einen Zugang zum Meer. Wären die Gebirge nicht, würde sich das gesamte Inlandeis durch sein eigenes Gewicht ins Meer drücken und den Spiegel der Weltmeere um sechs Meter ansteigen lassen.

existierte dann auch Østerbygd nicht mehr – niemand weiß, warum die Menschen verschwanden und wohin. Es war wohl ein ganzes Bündel von zeitgleichen Entwicklungen, die die Nachfahren der Wikinger zum Aufgeben zwangen. So hatte die intensive Viehwirtschaft zu lange Raubbau an den natürlichen Vegetationsreserven getrieben – erhebliche Erosionen waren die Folge. Zu den ökologischen Schwierigkeiten kam ab 1300 eine Klimaverschlechterung, und um 1400 brach gar eine kleine Eiszeit über den Norden herein. Das war das Ende für die großen Rinderherden.

Nach und nach blieben die unentbehrlichen Importe aus Norwegen aus. In Europa hatten sich die traditionellen Handelsmuster verändert. Der Markt für Narwalzahn war zusammengebrochen: Elfenbein kam billiger aus Afrika. In Bergen hatten die deutschen Hansekaufleute den Fernhandel übernommen. Ihnen war vor allem am lukrativen Geschäft mit Stockfisch gelegen – und den konnten die grönländischen Bauern nicht liefern. So fuhren immer weniger Schiffe nach Grönland, bis die Verbindung nach 1400 ganz abriß. Der schrumpfende Profit lohnte nicht mehr das wachsende Risiko, das die zunehmende Vereisung der grönländischen Küste für die Schiffahrt mit sich brachte. Norwegen – seit 1380 unter gemeinsamer Krone mit Dänemark – vergaß seine Kolonie am ewigen Eis.

Der Eisberg unserer Vorstellung, eine Pyramide mit einer oder mehreren Spitzen, ist eine in der Realität selten anzutreffende Form.

Wieweit die Eskimo mit Gewalt zum Ende der Siedlungen beigetragen haben, war lange umstritten. Häufigere Kontakte zwischen den Nordleuten und den «Skrälingern» – wie die Eskimo von den Wikingern genannt wurden – hatte es erst in der zweiten Hälfte der Siedlungsperiode gegeben, als man auf der Jagd nach Elfenbein immer weiter nach Norden segelte und sogar über die Melvillebucht nach Kanada übersetzte, um mit den Eskimo Tauschhandel zu treiben. Nicht alle Kontakte verliefen, wie grönländische Sagen berichten, friedlich. Doch für Überfälle auf die Siedlungen gibt es keinen einzigen stichhaltigen Nachweis. Zu dieser nachträglichen Ehrenrettung der Ur-Grönländer kommt Jette Arneborg vom Kopenhagener Nationalmuseum nach einer gründlichen Analyse aller bis 1993 vorliegenden archäologischen Untersuchungsergebnisse. Das Ende, mutmaßt sie, vollzog sich wohl völlig undramatisch: Als eine allmähliche Rückwanderung in das Land der Vorväter – nach Island. Grönland blieb den Inuit.

INUIT – DIE ÜBERLEBENSKÜNSTLER

Odaq Qujaakitsoq steht, wenn er seine jaulende Hundemeute mit langen Nylontauen vor den Schlitten spannt, wie ein Bilderbuch-Eskimo vor dem rubinroten Winterhimmel. Odaq hat für die Fahrt über das Eis der Uummannaqbucht die Thermokleidung aus dem Supermarkt gegen seinen Robbenfellanorak und die weiten Pluderhosen aus dickem Eisbärenpelz getauscht. Seine Beine stecken in Kamikken, den weichen, mit Hundefell gefütterten Stiefeln. Denn über der Bucht liegt klirrender Frost. Das Thermometer mißt 36 Minusgrade – es kann hier auch unter 40 Grad sinken. Der Wind ist rauh wie Schmirgelpapier. Jeder Atemstoß verwandelt sich in eine Wolke von wirbelnden Eiskristallen.

Odaq läßt den langen Peitschenriemen mit einem knappen Schlag haarscharf über die Hunderücken hinwegschwirren, sein «jiup, jiup, jiup» bringt die Meute in Trab – auf die aus dem Eis ragenden Eisberge zu, die wie Kathedralen gegen den Himmel stehen. Die ausgeruh-

ten Tiere legen sich kräftig ins Geschirr. Wegen des beißenden Fahrtwinds preßt Odaq die schmalen Augenschlitze noch enger zusammen, seine hohen Backenknochen treten noch stärker hervor. Respektvoll hält er seinen Schlitten von den festgefrorenen Eisbergen fern. Deren Regungslosigkeit ist trügerisch – auch unter der Decke aus dickem Wintereis nagt der ewige Gezeitenstrom an ihren Unterwassersockeln. Aus dem Gleichgewicht gebracht, können die Kolosse ohne Vorwarnung plötzlich umkippen und das Eis in weitem Umkreis in kleinste Stücke zermalmen. Die Männer hier kennen die Tücken der Eisfischerei und der Winterjagd weit draußen vor der Küste.

Allzu schnell kann man beim Jagen oder Fischen an der Eiskante mit einer abbrechenden Scholle aufs Meer hinausgetrieben werden, vor allem im Schlaf, wenn man am Fangplatz übernachtet. Vor Odaqs Nachbarsiedlung Niaqornat mußten Hubschrauber 1982 in einer dramatischen Rettungsaktion 36 Eisfischer von geborstenen Schollen aus Seenot bergen – ihre 372 Hunde hat kein Mensch je wiedergesehen.

DIE BEIDEN GRÖSSTEN HERAUSFORDERUNGEN: HUNGER ...

«Unser täglich Fleisch gib uns heute», ließ der dänische Missionar Hans Egede die Eskimo beim Vaterunser beten, und das Lamm Gottes machte er in dialektischer Anpassung an den Alltag der neu Bekehrten kurzerhand zur Robbe Gottes. Egede war 1721 im Namen König Frederiks VI. nach Grönland gesegelt, um den so lange vergessenen Nachfahren Eriks des Roten endlich den rechten Christenglauben zu bringen, nämlich den lutherischen. Zu seinem und später auch des Königs allergrößten Erstaunen fand sich aber kein einziger weißer

Siedler mehr auf der Insel. So machte sich Egede stattdessen an die Bekehrung der «heidnischen Wilden». Und die kannten weder Brot noch Lamm – sie lebten allein von Fleisch, vor allem von dem der Robben.

Für die Inuit bedeutete die Existenz in der «kältesten, dunkelsten und ödesten Region, die Menschen je bewohnt haben» – wie sie der amerikanische Eskimologe Robert McGhee einmal bezeichnet hat – vor allem den steten Kampf gegen den erbarmungslosen Hunger. Die menschenfeindliche Natur der Arktis begrenzte das Nahrungsangebot in extremer Weise und verbarrikadierte den Zugang zu Jagd- und Fischgründen mit Eisgebirgen und Schneewüsten. Selbst geringste Temperaturschwankungen vermochten das sensibel ausbalancierte Ökosystem zu verändern. Schon ein einziges Grad Celsius mehr oder weniger konnte die Robben auf weite Strecken aus den Küstengewässern vertreiben. Daran hing oft das Schicksal ganzer Siedlungen. Die Geschichte der Eskimo ist auch eine Geschichte von immer wiederkehrenden Hungerkatastrophen bis weit ins letzte Jahrhundert hinein.

Die ersten Inuit waren auf der Jagd nach Fleisch den Fährten der ostwärts abwandernden Moschusochsen von Sibirien bis nach Grönland gefolgt. Doch dieses Polarrind und die ebenfalls dort lebenden Karibus, eine Rentierart, reichten auf Dauer als Fleischlieferanten nicht aus. Die Eskimo mußten spezielle Techniken entwickeln, um das Meer als zusätzliche Speisekammer zu nutzen. Dort fanden sie eine geradezu ideale Jagdbeute für alle Bedürfnisse des täglichen Lebens – Robben und Wale lieferten ihnen Berge von fettem Fleisch als Kraftnahrung in der Kälte, Tran für Lampen, Herd und Heizung, Felle für Kleidung und Schlafdecken, Häute für Zeltdächer und Kajakbespannung, Knochen für Geräte, Werkzeuge und Jagdwaffen, Sehnen für Nähgarn, Därme für «Fensterscheiben» und für wasserdichte Anoraks – selbst der Mageninhalt wurde wegen seiner Vitamine und Enzyme roh verspeist.

Bizarre Formen geben Wasser und Sonne den Eisbergen; durch das «Rollen», also die permanente Lageveränderung, entstehen oft wie poliert wirkende glatte Flächen.

Stunde um Stunde warteten die Jäger regungslos vor den Atemlöchern, die sich die Ringelrobben im meterdicken Eis offenhielten. Schon beim Anpirschen an ein solches Loch wurde durch Eisbärenfell unter den Stiefeln jedes Schrittgeräusch vermieden. Arme und Beine umwickelte man mit Riemen, damit die Kleider nicht raschelten, weil das die mißtrauischen Tiere vertrieben hätte. Ununterbrochen behielt der Jäger mit der Harpune im Anschlag den kleinen, im Atemloch versenkten Schwimmer im Auge. Bewegte er sich, mußte man genau im richtigen Moment mit aller Kraft zustoßen, schon bevor der Kopf der Robbe aus dem Wasser auftauchte.

Dennoch war der Hungertod der ständige Begleiter der Menschen im Eis. War die Katastrophe nicht mehr abzuwenden, opferten sich die Alten und die Kranken als für die Gemeinschaft unnütze Esser, damit wenigstens die Starken und Gesunden überleben konnten. Sie ließen sich vom ältesten Sohn in einen Kajak setzen und paddelten aufs Meer hinaus, wo sie ihr Boot mit einem entschlossenen Paddelschlag kentern ließen. Sie sprangen von einer Klippe oder ließen sich im Winter mit dem Schlitten aus der Siedlung bringen, glitten während der Fahrt von den Sitzfellen und warteten im Schnee auf ihr Ende. Rettete auch der Opfertod der Alten nicht den Fortbestand der Gruppe, tötete man seine Kleinkinder – als erstes die Mädchen. Im äußersten Fall kam es sogar dazu, daß in der Not die Leichname selbst der eigenen Verwandten verzehrt wurden.

... UND KÄLTE

Nicht weniger erbarmungslos war die Kälte, die zweite der großen Herausforderungen für die Menschen am Rande der bewohnten Welt. Pflanzen und Tiere bis hin zum Eisbären (*siehe Seite 42*) haben sich mit verblüffenden Schutzmechanismen an die Welt aus Eis angepaßt.

Fortsetzung Seite 33

Manche Eisblöcke führen Gesteinsschutt mit (links am Block), der auf dem Weg des Gletschers zum Meer auf das Eis gelangt ist.

In vielen Fjorden Grönlands kann man das Kalben der Gletscher, also die «Geburt» neuer Eisberge, miterleben.

Ein Föhnsturm hat Eisblöcke in die Bucht von Uummannaq getrieben, und es dauert Stunden, die »Hvalfisken« zu befreien.

DER MANN, DEM SEIN LACHEN VORAUSGING

Von Strapazen gezeichnet und glücklich zugleich betrat am 1. September 1929 ein Fremder die Telegrafenstation von Nome an der Küste der Beringstraße. «Expedition wohlbehalten in Nome. Alles in Ordnung», ließ er nach Kopenhagen kabeln – Unterschrift: Knud Rasmussen. Für den Dänen war der Traum seines Lebens in Erfüllung gegangen – ein Traum, der ihn nicht losgelassen hatte, seit er als Kind im grönländischen Jakobshavn die alten Eskimo von Menschen erzählen hörte, die hoch im Norden, am Ende der Welt, lebten, sich in Eisbärenfelle kleideten und rohes Fleisch äßen. Rasmussen fand diese Menschen Jahrzehnte später: die Polareskimo. Mit seiner in Nome endenden fünften Thule-Expedition brachte er endlich den Beweis, daß zwischen der Ostküste Grönlands und dem Stillen Ozean ein und dasselbe Volk lebte, das dieselbe Kultur hatte. Als Rasmussen in Nome sein Kabel nach Dänemark aufgab, lag hinter ihm die längste Schlittenreise, die je ein Mensch unternommen hatte. Begleitet von den beiden Polareskimo «Kleiner Frauenmensch» und «Eidervogel» war er mit 20 Hunden 6500 Kilometer westwärts gefahren, bis an die äußerste Küste Alaskas. Es war der Weg, den 5000 Jahre zuvor die ersten Eskimo in umgekehrter Richtung gewandert waren – von Ostsibirien nach Grönland. Mit dem Hundeschlitten war der 1879 in Grönland geborene dänische Pastorensohn schon von Kindesbeinen an vertraut – er war sein erstes Spielzeug. Und als Kind lernte er bei seinen Eskimofreunden deren Lebensweise kennen, übte sich wie sie in der Kunst der grönländischen Jagd und erfuhr von ihnen die Grundregeln des Überlebens in der Welt des Eises. Die prägenden Erfahrungen im Umgang mit der arktischen Natur gehörten zu den wichtigen Voraussetzungen für das Gelingen seiner späteren Expeditionen.

Peter Freuchen (1886–1957).

Doch ebensoviel trug das Eskimoblut dazu bei, das er von seiner Großmutter her in den Adern hatte. «Im Herzen war er selber ein Eskimo», urteilte sein Weggefährte Peter Freuchen. Rasmussens innere Verbundenheit mit den Menschen der Arktis, gepaart mit dem Drang nach Wissen, machte ihn zu einem leidenschaftlichen Forscher und Sammler, der mehr Erkenntnisse zur Kultur, Tradition, Mythologie und Lebensweise der Inuit zusammengetragen hat als jeder andere Eskimologe vor oder nach ihm. Dabei kam ihm auch zugute, daß er sich mit den Eskimo in deren Sprache unterhalten konnte.

Knud Rasmussen mit einer Grönländerin vor seinem Haus in Thule (Foto, um 1914).

Nach dem Abitur führte Rasmussen ein unstetes Leben, bis er 1910 gemeinsam mit dem dänischen Journalisten Peter Freuchen an der Melvillebucht die nördlichste Handelsniederlassung der Welt gründete: Thule. Dort lebte er mit den Polareskimo, die bis dahin – völlig isoliert – wie ihre Vorväter gelebt hatten. Rasmussens Handelsstation gab ihnen die Möglichkeit, ihre Felle gegen Gewehre, Munition und andere Importwaren einzutauschen. Thule wurde zum Ausgangspunkt für seine großen Expeditionen, die ihn weltberühmt machten. Sie führten ihn zu den Eskimo in allen Teilen der Arktis. Besessen von unersättlichem Forscherdrang sammelte er ihre Sagen und Lieder, Mythen und Traditionen, allein von seiner Schlittenexpedition brachte er 15 000 Kultgegenstände für das Nationalmuseum in Kopenhagen mit. Was Knud Rasmussen in seinem ruhelosen Leben zusammentrug, urteilt der dänische Grönlandkenner Palle Koch, vermittelt nicht nur ein eindrucksvolles Bild von der gemeinsamen Eskimokultur zwischen Ostsibirien und Grönland. Es gab auch den Inuit unserer Tage den Zugang zu ihrer lange verlorenen ethnischen Identität.
«Der Mann, dem sein Lachen vorausging», nannten ihn seine Freunde wegen seines heiteren Wesens. Seine Bücher, die in viele Sprachen der Welt übersetzt wurden, gehören zu den noch immer lesenswerten Klassikern der Arktisliteratur. Sein Film «Palos Brautfahrt» machte Kinogeschichte. Rasmussens Tod am 21. Dezember 1933 paßt in die Welt, die er zu der seinen gemacht hatte: Er starb nach einem Festmahl bei seinen Eskimofreunden an einer Vergiftung durch verdorbenes Fleisch.

Hans Joachim Kürtz

Auf einem typischen langen Thule-Schlitten sitzend, bearbeitet diese junge Frau ein Eisbärenfell.

Oben und unten: Von der Abendsonne angestrahlt, werden diese Eisberge in der glatten See noch einige Zeit ruhig dahindümpeln. Heftiger Wellengang setzt ihnen stärker zu als ein Ansteigen der Lufttemperatur.

Stürme treiben oft ganze Eisgebirge in die Fjorde, wo sie – wenn der Wind nicht dreht – manchmal tagelang den Schiffsverkehr blockieren.

Upernavik ist die nördlichste Stadt der Westküste, die regelmäßig von Linienschiffen und -hubschraubern angesteuert wird.

Oben: Wegen des felsigen Untergrunds werden die Toten wie in alten Zeiten über der Erde unter Steinen bestattet – die man heute allerdings zusätzlich mit einer Schicht Beton versieht.

Unten: Dicht an dicht stehen die Häuser – Upernavik liegt wie viele Orte in Grönland auf einer Insel und bietet nur begrenzten Platz.

Mit speziellen Isoliertechniken, mit einem Leben in Zeitlupe – dem Winterschlaf mit verringertem Stoffwechsel – oder der Fähigkeit etwa von Pflanzen und manchen Spinnen- und Insektenarten, die Kälteperiode in einem Zustand des Einfrierens zu überdauern. Den Menschen hat die Natur da eher stiefmütterlich behandelt. Nur einige wenige Körpermerkmale der Eskimo kommen dem Kälteschutz entgegen: Die kleine, gedrungene Figur, die flache Nase, die kurzen Gliedmaßen, die sogar noch in ihren Proportionen verändert sind. Unterarme und Unterschenkel sind besonders kurz. Denn je kürzer die Extremitäten sind, desto weniger Wärme geht verloren, und das Herz kann das warme Blut schneller in die exponierten Teile des Körpers pumpen.

Zu den physiologischen Besonderheiten gehört auch eine andere Verarbeitung der Nahrung im Körper. Die traditionelle Kost – überwiegend Fleisch und Robbenspeck – war völlig einseitig und strotzte vor Fett. Dennoch blieben die Eskimo vom Herzinfarkt verschont. Ihr Körper brauchte den Speck als energiereichen Brennstoff. Auch das häufig roh verzehrte Fleisch, das ihnen bei ihren früheren indianischen Nachbarn den Schmähnamen «Rohfleischfresser» (esqumantjik = Eskimo) eingetragen hatte, steigerte mit seinem Protein die Verbrennung und damit die Körpertemperatur. Zudem war auch das Immunsystem ein völlig anderes – wie hätte man sonst ohne Eiweißvergiftung Leckerbissen wie *orsut* oder *kiviak* vertilgen können?

«Keiner lebt, der nicht das Reden läßt, wenn er hört, daß es Orsut gibt. Im Sommer war ein Narwal gefangen und das Fleisch von den Frauen gedörrt und mit beiden Seiten in die Sonne gelegt, so daß es schwarz und verlockend für die Münder geworden war. Der nächste Narwal war so abgezogen worden, daß der Speck fest an der Haut sitzen blieb und nachher war der Speck in handgroße Stücke geschnitten und zusammen mit dem gedörrten Fleisch in eine Fangblase gestopft. Unter einem Steinhaufen hatte es gelegen, bis der Speck zu Tran geworden war und alles den starken Geschmack angenommen hatte, der bei einem Gastmahl Schweigen verursacht. Der Hausherr nahm seine Axt, hieb ein Loch in die Robbenhaut und steckte seine Hand in den gefrorenen Tran, der vor Kälte weiß und dickflüssig war. Er bekam einige Stücke gedörrtes Fleisch und Walhaut zu fassen und begann zu essen.» So berichtet Peter Freuchen (*siehe Seite 28*), ein Weggefährte Knud Rasmussens, über ein *orsut*-Festmahl. Für den *kiviak* wurden ein paar hundert Krabbentaucher – eine in der warmen Jahreszeit zahlreich vorkommende Vogelart – ungerupft und unausgenommen in nur teilweise vom Fett befreite Robbenfellsäcke gestopft und den Sommer über unter Steinen aufbewahrt. «In der Wärme schmilzt das Fett allmählich, und die Haut der Vögel löst sich in dem Fettbad auf. Wenn das ganze verfault und gegoren ist, wird es als Festessen angeboten. Das ganze Haus stinkt dann nach verfaultem Käse», beschreibt der französische Ethnologe Jean Malaurie sehr drastisch den *kiviak*. Jeder Gast verspeise mit größtem Behagen fünf, sechs der nur von Federn und Haut befreiten, stinkenden Vögel – samt allen Eingeweiden. Was Mitteleuropäer schaudern läßt hatte für die Eskimo einen tiefen Sinn. Wenn es Nahrung im Überfluß gab – wie die *Kiviak*-Vögel im frühen Sommer – mußte man genügend davon für schlechte Zeiten konservieren, auch durch gesteuerte Fäulnis. Mit sicherem Instinkt nutzte man die diätischen Wirkungen der bei der Gärung entstehenden Enzyme.

Junge Huskys sind begehrt in Grönland. Früher mußten in armen Familien, die nur wenige Hunde besaßen, oft die Menschen den Hunden beim Ziehen der Schlitten und beim Lastentragen helfen.

FELLE, FEDERN, HÄUTE

Die wichtigste Schutzvorrichtung des Menschen für das Überleben im Eis war seine Intelligenz. Er lernte, die kargen Ressourcen intensivst zu nutzen. Er schuf sich Techniken, die mit größter Perfektion die Anforderungen seines menschenfeindlichen Lebensraumes erfüllten: Die Inuit-Kultur ist eine lange Kette von Meisterleistungen der technischen Anpassung.

Im Sommer des Jahres 1972 stießen Schneehuhnjäger an der Uummannaqbucht auf eine mit Steinen überdeckte Grotte, in der die mumifizierten Leichname von sechs Frauen und zwei Kindern lagen. Diese Mumien von Qilakitsoq (*siehe Seite 51*) lieferten der Forschung einen einzigartigen Fundus von gut erhaltenen Kleidungsstücken, wie sie die Menschen vor 500 Jahren an Grönlands Westküste getragen haben.

Mit besonderer Sorgfalt waren die *kamikken*, die doppelwandigen Stiefel aus enthaarten Robbenhäuten, gearbeitet. Sie mußten gegen die gefährliche Fußkälte schützen und trotz ihrer Nähte völlig wasserdicht sein.

Fortsetzung Seite 41

In der Nähe der alten Inuitsiedlung Sermermiut bei Ilulissat fand man traditionelle Gräber, deren Abdeckung heute teilweise zerstört ist.

DAS BOHRLOCH DURCH DIE EIS-ZEITEN

Genau 3028 Meter und 81 Zentimeter ist das Loch tief, das man durch das ewige Eis bis auf den Felsen darunter gebohrt hat – ein Loch durch die Zeit, durch 250 000 Jahre Klimageschichte. Am 12. Juli 1992 konnten die Eisforscher und Klimatologen aus acht europäischen Ländern einschließlich der Bundesrepublik mit dem Ende der Bohrarbeiten einen neuen Weltrekord feiern. Sie waren noch 500 Meter tiefer »in die Vergangenheit« vorgedrungen als ihre sowjetischen Kollegen 1987 in der Antarktisstation Wostock. »Es war, als steckten wir ein Thermometer immer weiter zurück in die Vergangenheit. Unser Bohrkern hat sich als eine beispiellose Klimadatenbank erwiesen – auch voll von erregenden Überraschungen«, schwärmte der dänische Geophysiker Professor Dansgaard, der wissenschaftliche Leiter des europäischen Gemeinschaftswerkes GRIP (Greenland Icecore Project).

Ins Eis gegrabene Bohrstation (mit »Holzdeckel«).

Die Datenbank im Eis: Seit Hunderttausenden von Jahren hat der Grönlandgletscher die Informationen bewahrt, mit denen ihn die arktischen Schneefälle immer wieder gefüttert haben. Die Gletscherkälte ließ selbst im Sommer den Schnee nicht schmelzen. Jahresschicht stapelte sich auf Jahresschicht, bis die Flocken unter dem enormen Druck der nachfolgenden Niederschläge zu Eis kristallisierten. Darin blieben die eingefrorenen Klimadaten zur Freude der Forscher jahresweise gespeichert – als chemische oder physikalische Fossilien: Salze, Säuren, Mineralien, Staubpartikel und Luftbläschen vergangener Epochen. Mit den aus diesen Schichten gewonnenen wertvollen Erkenntnissen läßt sich ein Klimakalender für die nördliche Hemisphäre der Erde sehr genau rekonstruieren – bis weit zurück in die Vorzeit. Das GRIP-Team ließ seine komplette Forschungsstation auf das höchste Plateau des Gletscherpanzers fliegen, dorthin, wo das Eis sich mit drei Kilometer Dicke in der Höhe der Zugspitze auftürmt. Hier konnte man das älteste Eis der Nordhalbkugel erwarten. Und nur hier, im Zentrum des Massivs, durfte man mit einer chronologisch korrekten Schichtenfolge rechnen. An dem 3000-Meter-Eiskern, den die GRIP-Mannschaft in drei kurzen arktischen Sommern aus tiefster Vergangenheit in die Gegenwart gefräst hat, ließen sich die letzten 12 000 Jahre präzise geschichtet mit bloßem Auge auszählen – wie die Jahresringe eines Baumes. Am Ende des Bohrkernes – bei etwa 250 000 Jahren – waren die Schichten nur noch Bruchteile von Millimetern dick.

Eine hauchdünne Eisscheibe wird in polarisiertes Licht gehalten und untersucht.

Schon die ersten Analysen in den Feldlabors auf dem Eisgipfel brachten Erstaunliches zu Tage. So ist das globale Klima vor 3000 bis 4000 Jahren häufiger durch gewaltige Waldbrände auf dem nordamerikanischen Kontinent beeinflußt worden. Diese Buschfeuer hinterließen ihre Spuren im Eis als Ameisen- und Essigsäure. Reste von Schwefelsäure in 451 Metern Tiefe werden die Lateinlehrer erfreuen: Es war nämlich keine dichterische Phantasterei, wenn Ovid und Vergil berichten, die Sonne über Rom habe sich verfinstert, als Cäsar unter dem Dolchstoß des Brutus starb. Ein solches Himmelszeichen kann es im Jahre 44 v. Chr. durchaus gegeben haben – nicht, weil die Götter zürnten, sondern weil sich die Schwefelwolken eines gewaltigen Vulkanausbruchs irgendwo auf dem Erdball vor die Sonne schoben. Eine solche Eruption hat das Eis für Cäsars Todesjahr registriert.

Doch die Fachwelt versetzten andere Erkenntnisse aus dem gefrorenen Archiv in Aufregung. So hat es während der letzten Warmzeit – vor 100 000 Jahren – mehrfach sehr rasche Klimaänderungen gegeben. In knapp zwei Jahrzehnten sanken die Temperaturen um bis zu 14 Grad Celsius ab. Zwei Jahrhunderte lang blieb es kalt, bis sie ebenso plötzlich wieder emporschnellten. Extreme und sprunghafte Schwankungen wie diese hat man bisher nicht für möglich gehalten. Über die Ursachen kann man bislang nur spekulieren.

Fest steht aber heute schon, daß die Klimatologie gründlich umdenken muß. Denn wenn sich globale Klimaumwälzungen nicht nur langsam und linear vollziehen – wie bisher geglaubt –, sondern gleichsam auch willkürlich und sprunghaft, taugen alle heute vorhandenen Klimamodelle nur noch für den Papierkorb. »Die GRIP-Ergebnisse haben die Klimaforscher vor eine völlig neue Frage gestellt«, bilanzierte Professor Heinz Miller, einer der deutschen Projektteilnehmer. »Erreichen wir bei einer globalen Erwärmung einen instabilen Zustand, in dem es dann sehr rasch über viele Generationen hinweg zu einem dramatischen Kälteeinbruch kommen kann?« *Hans Joachim Kürtz*

Eisbergstau im Jakobshavner Eisfjord. Nur 300 Meter tief ist das Wasser am Eingang des Fjords, so daß manche größeren Eisberge am Grund festsitzen und das Abdriften der nachfolgenden aus der Bucht verhindern. Erst wenn unter dem hohen Druck die blockierenden Eisberge bersten, wird der Weg wieder frei.

Ausflug mit Schlittenhunden an der grönländischen Ostküste bei Ammassalik.

Einem »schwimmenden Schloß aus Eis« sei er begegnet, berichtete der irische Mönch Brendan im 6. Jahrhundert nach seiner Rückkehr. Seine Faszination ist angesichts solch gewaltiger Eisberge auch heute noch nachvollziehbar.

Mondaufgang um Mitternacht über dem Eisfjord bei Ilulissat.

Oben: Durch die Spiegelung im ruhigen klaren Wasser entstehen herrliche Phantasiegebilde.

Mitte: Auf großen Eisbergen bilden sich häufig Schmelzwasserseen, deren Inhalt sich dann als kleiner Wasserfall ins Meer ergießt.

Unten: Sommerliche Mitternachtsstunde am Jakobshavner Eisfjord.

So verwendete man als Nähfaden Sehnen, die bei Nässe aufquollen. Das Leder wurde mit Robbenfell und Urin imprägniert. Wärme gab der Innenstiefel aus wolligem Fell von Polarhasen, Rentieren oder auch von Hunden. Als wirksame Isolierung gegen die Bodenkälte diente eine täglich zu wechselnde «Einlegesohle» aus einer Handvoll getrocknetem Gras.

Der Blick in den 500 Jahre alten Kleiderschrank der Menschen von Qilaqitsok zeigte, daß die Inuitkleidung bis heute völlig unverändert blieb. Es gab an diesem intelligenten Kälteschutz ein halbes Jahrtausend lang nichts mehr zu verbessern – nur ein halbes Jahrtausend?

«Als wir 1983 auf der Insel Qeqertasussuk an Land sprangen, sprangen wir auch 4000 Jahre in der Zeit zurück. Große Mengen Fundmaterial warteten auf uns, wie in einer riesigen Tiefkühltruhe aufgestapelt. Es war so perfekt vom Permafrost und der Humussäure im Torfboden konserviert, als hätte man den Wohnplatz erst jüngst verlassen. Es roch bei der Grabung später sogar noch nach Walspeck, wenn die Sonne wieder eine weitere Schicht auftaute.» Was dem Archäologen Bjarne Gronnow in seiner Begeisterung wie «jüngst» erschien, konnte die Wissenschaft auf die Zeit um 2400 v. Chr. zurückdatieren – der Wohnplatz Qeqertasussuk entstand, als mit dem zweiten oder dritten Einwandererschub Eskimo der sogenannten Sarqaq-Kultur nach Grönland kamen. Was sie für Archäologen zurückließen, fügte sich zu einem überraschenden Puzzlebild vom Alltag der Ur-Eskimo.

«Wir konnten die Geschichte der *kamikken* mit einem Schlag um mehr als 3000 Jahre verlängern», schwärmt Gerda Møller, Chefkonservatorin am Kopenhagener Nationalmuseum. Denn zu den Funden von Qeqertasussuk gehörte auch der Fuß eines Fellstrumpfes, der mit seinen hochgezogenen Sohlenkanten völlig mit den späteren traditionellen Innenstiefeln übereinstimmt. Pflanzenreste auf der Innensohle zeigten, daß man sogar schon das Heupolster zur Isolierung nutzte. Selbst die Nähte glichen den neuzeitlichen – sie waren besonders gleichmäßig mit dünnen Nadeln aus harten Vogelknochen angefertigt. Auch sonst holte man aus der tiefgefrorenen Vergangenheit der Leute von Qeqertasussuk immer neue Überraschungen ans Licht der Gegenwart.

Da entpuppten sich Treibholzstücke als Spantenteile eines kajakähnlichen Fellbootes – auch Teile eines Paddels fanden sich: Man hielt die Reste des ältesten Wasserfahrzeugs der ganzen Arktis in den Händen. Bisher galt der Kajak als die epochale Erfindung der Thule-Eskimo, die erst 3000 Jahre nach den Angehörigen der Sarqaq-Kultur in Grönland auftauchten. Bis in die Mitte unseres Jahrhunderts blieb dieses Boot das wichtigste Fahrzeug und zugleich das wichtigste Jagdgerät für die Bewohner der Arktis.

Fortsetzung Seite 47

DER KÖNIG DER ARKTIS

Die Grönländer haben dem König der arktischen Tiere die gebührende Ehre erwiesen: Sie haben den Eisbären zu ihrem Wappentier gemacht. Dieser weiße Riese ist ein Paradebeispiel für perfekte Anpassung an den extremsten aller Lebensräume auf dem Erdball. Dabei, so meinen Experten, sei er als ein einziger fleischgewordener Widerspruch eine Kreatur, die es gar nicht geben dürfte. Er sei viel zu dick, fresse das Falsche, trinke zu wenig und sei außerdem so warm bekleidet, daß ihm der Hitzetod drohe.

Und obgleich er das größte felltragende Landraubtier ist, tummelt er sich häufig im Wasser – *Ursus maritimus* hat ihn die Wissenschaft getauft. Man hat den hervorragenden Schwimmer im offenen Meer noch 100 Kilometer vor der nächsten Küste beobachtet. Als geschickter Taucher macht er Unterwasserjagd auf schwimmende Vögel. Oder er pirscht sich untergetaucht an seine wichtigste Jagdbeute heran – an Ringelrobben, die auf der Eiskante dösen. Blitzschnell schießt der Koloß aus dem Wasser und erschlägt die Robbe dabei mit der Vordertatze. Im Winter lauert er ihnen vor ihrem Atemloch im Eis auf, stundenlang regungslos wartend. Sobald ihr Kopf auftaucht, wuchtet er die Robbe mit einem einzigen Prankenschlag aus dem Wasser – selbst wenn sie 250 Kilo wiegt. Der Bär hat es allein auf den Robbenspeck abgesehen. Davon kann er bei einer einzigen Mahlzeit 70 Kilo verschlingen – den Rest der Robbe entsorgen die Eisfüchse. Bei der geballten Fettkost müßte ihm ständig der Herzinfarkt drohen. Doch da der Bär dieses konzentrierte Brennmaterial braucht, hat die Natur vorgesorgt. Trotz seiner Fettleber bleibt er ebenso gesund wie die Eskimo mit ihrer traditionell fettriefenden Kost. Prachtexemplare können eine Tonne wiegen und aufgerichtet 3,30 Meter messen. Dennoch bringen sie nur einpfündige, meerschweinchengroße Winzlinge zur Welt. Denn der Bärin bleiben nur vier Monate Zeit für die Schwangerschaft, die sie bei gebremstem Stoffwechsel in einer eigens für das Kindbett gegrabenen Schneehöhle verbringt. Ein halbes Jahr lang muß die Bärin allein von ihrem vorher angefutterten Fettvorrat leben. Aus ihm produziert sie auch das benötigte Wasser, wobei kein Urin mit giftigem Harnstoff anfällt. Wüßte man, wie die Natur das verhindert, könnte das für Nierenkranke ähnlich bedeutsam werden wie die Entdeckung des Insulins für Diabetiker. Das Speckpolster liefert auch die dicksahnige Milch für den Bärenhunger der bis zu vier Jungen. Der Bärin schlottert ihr Pelz wie ein viel zu weiter Mantel, wenn sie sich nach halbjährigem Fasten erstmals wieder den Wanst vollschlagen kann. Besonders erfindungsreich mußte die Evolution den Riesen mit Spezialvorkehrungen für das Leben in der polaren Kälte ausstatten. Ein normaler Pelz allein reicht bei der amphibischen Lebensweise nicht aus. Im Eiswasser nützt ein noch so dichtes Haarkleid wenig, da wärmt nur eine ausreichend dicke Speckschicht. Da der Eisbär im Gegensatz zu seinen braunen Vettern keinen Winterschlaf kennt, erhielt er für das Umherstreifen bei 50 Minusgraden eine solare Zusatzheizung. Die hohlen Haare seines Oberfelles leiten die kurzwellige Energie des Sonnenlichtes auf die schwarze Haut unter dem Elfenbeinpelz – diese wandelt die UV-Strahlung wie ein Sonnenkollektor in Wärme um. Wärmeaustauscher sorgen dafür, daß der Bär auf nackten Sohlen übers Eis traben kann. Das fußwärts strömende körperwarme Blut gibt seine Wärme an das rückströmende Kaltblut ab und kommt mit 0 Grad Celsius an der Sohle an. Diese Vorrichtung dient auch, ergänzt durch zwei spezielle Kühlzonen zwischen den Schulterblättern, zur Abführung überschüssiger Körperwärme – anders würde dem schwergewichtigen Dickpelz im Sommer der Hitzschlag drohen.

Im Eisbären sahen die Schamanen der Inuit wiedergeborene alte Jäger und nahmen sich deshalb seine Jagdtechniken zum Vorbild.

Die Eisbärenschutz-Konvention von 1973 hat dazu geführt, daß der König der Arktis mit 50 000 Tieren rund um den Nordpol nicht mehr vom Aussterben bedroht ist. Auf Grönland ist der Bestand nach Gründung des Nationalparks stark angewachsen – auch durch Zuwanderungen auf driftendem Eis. Ein auf Spitzbergen markierter Bär ging, nach einer unfreiwilligen Reise, bei Nanortalik in Südgrönland an Land – über 3000 Kilometer von seiner alten Heimat entfernt. *Hans Joachim Kürtz*

In der Diskobucht kann man die nach der Antarktis höchsten Eisberge der Welt sehen. Solche Riesen haben eine Lebensdauer von ein bis zwei Jahren und driften oft weit nach Süden, so wie jener, der in der Nacht vom 14. zum 15. April 1912 vor Neufundland der Titanic zum Verhängnis wurde.

Im Winter ziehen die Eisbären über die Packeisdecke nach Norden in ihre Jagdreviere, den Sommer verbringen sie auf dem Festland.

In Senken bilden sich zur Zeit der Schneeschmelze kleine Seen, die Wiesen versumpfen, so daß sich hier eine reiche Vegetation entwickeln kann.

Von der hundert Meter hohen, hellen Abbruchfront des Jakobshavner Gletschers krachen täglich riesige Mengen Eis ins Meer. Der Gletscher ist hier vier Kilometer breit.

WICHTIGSTE ERFINDUNG DER UR-ESKIMO: DER KAJAK

«Die Nachen der wilden Leut seynd geformet wie die Weberschifflein, so man zum Weben braucht. Sie werden aus Fischbeinen gemacht und zusammengenähet, und ist so gut und sicher darin zu fahren, daß es zu verwundern. Wann Ungewitter auf dem Meer ist, so schließen sie sich selber hinein und lassen sich von Meer und Wind hin und wider werffen, ohn alle Sorg und Forcht, daß sie möchten zerbrechen oder sie ertrincken.» So beschreibt der venetianische Edelmann Nicolaus Zeno 1380 nach seiner Reise durch die «mitternächtigen Länder» die Kajaks der grönländischen Inuit.

Nur die jungen Schlittenhunde sind von der Kettenpflicht ausgenommen. Die im Sommer zur Untätigkeit verdammten Huskys können sehr schnell aggressiv und für Kinder gefährlich werden.

Der Venetianer hatte gut beobachtet – die Eskimo konnten sich selbst bei schwerster See ganz auf ihr «Weberschifflein» verlassen. Für den Polarforscher Fridtjof Nansen war der Kajak das perfekteste Einmannboot der Weltgeschichte. Dabei war es nur ein langes, schmales Gerippe aus Treibholz oder aus Knochen, mit Sehnen zusammengezurrt und mit den wasserdicht vernähten Häuten von fünf Bartrobben bezogen. Entscheidend für seine Hochseetüchtigkeit war, daß man den Kajak für seine Benutzer maßschneiderte: Dreimal seine Körpergröße und kaum breiter als dieser, mit einem Einstiegloch, das fest um seine Taille saß. Man schlüpfte ins Boot wie in eine «Ersatzhose» – so nannten die Grönländer den Kajak im Scherz.

Kajak und Mensch verwuchsen miteinander zu einem einzigen schwimmenden Wesen, wenn der Saum des wasserdichten Anoraks fest mit der Einstiegsschürze des Bootes verknüpft wurde. Dennoch blieb das tückische Meer eine tägliche Bedrohung. Geborstenes Eis mit messerscharfen Bruchkanten oder nadelspitze Felsen unter Wasser konnten die Bootshaut aufschlitzen. Gewaltige Flutwellen, die beim Kalben eines Gletschers oder beim Kippen eines Eisberggiganten unvermittelt zu haushohen Wasserwänden aufwuchsen, konnten mit ihrer Wucht dem Kajakfahrer das Rückgrat zerschmettern. Von Kindheit an mußte er deswegen die Eskimorolle trainieren, das auf die Sekunde genau berechnete, gewollte Kentern. Den Kiel oben, den Körper kopfüber im Wasser, ließ sich der Inuk von der Riesenwoge überrollen – blitzschnell vermochte er sein Boot danach wieder aufzurichten. Mit diesem leichten, wendigen Fahrzeug, mit dem man Tagesstrecken von gut 200 Kilometer zurücklegen konnte, eroberten die Inuit das Meer als Jagdrevier – und damit eine neue Dimension ihres Lebensraumes. Die Robbenjagd erschloß neue Nahrungsquellen – und noch einmal neue kamen hinzu, als man mit dem *umiak*, dem Großboot aus Walroßhaut für ein Dutzend Ruderer, dem größten Fleischlieferanten des Polarmeeres nachstellen konnte – dem Wal.

Sieben Jahrhunderte lang waren es nur die Inuit, die sich aus den reichen Walbeständen bedienten. Doch als die Europäer mit ihren riesigen Fangflotten die Walbestände um Spitzbergen zu Beginn des 18. Jahrhunderts bereits schonungslos dezimiert hatten, suchten sie sich neue Jagdgründe.

Anfangs hatten es die Jäger aus Europa nur auf den Tran abgesehen, den sie für die Straßenlampen brauchten. Später kamen die Barten hinzu – das «Fischbein» war für Korsett- und Schirmstangen gefragt. Ein einziger Grönlandwal konnte bis zu 25 Tonnen Tran und eine Tonne Barten liefern. Deshalb schreckte man selbst vor den gefährlichen Treibeisbarrieren der grönländischen

Ostküste nicht zurück und drang an der Westküste weit nach Norden vor. Bis zu 300 Schiffe nahmen Frühjahr für Frühjahr Kurs auf Grönland – mit über 10 000 Mann an Bord: Holländer, Basken, Engländer, Norweger, Dänen und Deutsche; die Friesen galten als besonders gute Harpuniere, Steuerleute und «Commandeure». Verlockt vom hohen Verdienst ging man das Risiko ein, daß die Schiffe vom Eis zermalmt wurden. Besonders gefährdet waren die Harpuniere, die den Meeresriesen aus offenen Ruderbooten die Harpune in den Leib schleuderten. Immer wieder zertrümmerten Wale in ihrem Todeskampf Boote mit einem verheerenden Schwanzschlag oder zogen sie mit der Fangleine unter Wasser. Die größte Katastrophe ereignete sich im Jahr 1777, als fast hundert Schiffe aus verschiedenen Ländern Europas vom Packeis eingeschlossen und die meisten von ihnen mit der gesamten Besatzung in die Tiefe gedrückt wurden – darunter auch sieben Hamburger Walfänger. Dieses Drama im Eis war der Anfang vom Ende des «hohen Lottospiels», wie ein Chronist 1796 den Walfang nannte. Die schwindende Ausbeute lohnte das Risiko nicht mehr.

Fortsetzung Seite 52

Ilulissat heißt «Eisberge» und hat seinen Namen von seiner Lage direkt neben dem Jakobshavner Gletscherabbruch, der ständig für Nachschub sorgt.

Kurz vor Mitternacht bei Sidisit im Süden. Auch die für Grönland üppige Vegetation und die fast schneefreien Berge auf der Halbinsel bei Narsarsuaq zeigen, daß es Sommer ist.

MUMIEN, DIE AUS DER KÄLTE KAMEN

Die Mumien von Qilakitsoq. Oben: Mumie eines Säuglings. – Mitte: Im Landesmuseum in Nuuk. – Unten: Frauenjacke mit typischen langen Rockschößen und weiter Kapuze.

Issittormiup, Kind aus der Kälte, nennen die Grönländer zärtlich den Säugling, der um 1475 im Dorf Qilakitsoq starb und den man ein halbes Jahrtausend später in eine Glasvitrine des Landesmuseums in Nuuk holte. Das mumifizierte Kleinkind hatte man 1972 mit sieben weiteren von Dauerfrost und trockenem Bergwind «gefriergetrockneten» Mumien in zwei Felsgräbern über der Uummannaqbucht entdeckt. Die sechs Frauen zwischen 18 und 50 Jahren und die zwei kleinen Jungen – sechs Monate und viereinhalb Jahre – wurden zum Gegenstand eines einzigartigen Forschungsunternehmens in Kopenhagen. Gleich drei Dutzend Institute unterschiedlicher Fachrichtungen lieferten nach gründlicher Laborarbeit überraschende Puzzleteile für ein facettenreiches Bild vom Eskimoalltag um 1475 – auf diese Zeit ließ sich der Fund datieren. Zwar war die Todesursache nicht mehr zu klären – dafür steuerten die medizinischen Untersuchungen um so mehr Details aus dem Leben der grönländischen Urbevölkerung bei. So fanden sich in den Lungen der Frauen weit stärkere Rußablagerungen, als man sie heute in der Umgebung qualmender Fabrikschlote registriert. Schuld daran waren die blakenden Tranlampen, die als Lichtquelle und Heizung unentbehrlich waren. Deren Bedienung war Aufgabe der Frauen. Daß die Umwelt sonst ziemlich frei von Schadstoffen war, zeigten vergleichende Analysen von Haarproben: Grönländer unserer Tage hatten dreimal soviel Blei und achtmal soviel Quecksilber im Körper wie ihre Urahnen.

Die acht Eskimo waren nicht – wie manche vermutet hatten – den Hungertod gestorben. Verdauungsreste in ihren Eingeweiden zeugten von einem reichhaltigen Speisezettel. Sie enthielten Haare von Robben, Rentieren und Schneehasen, Federreste von Seevögeln und Blütenpollen von eßbaren Pflanzen, was auf den Sommer als Todeszeit deutet. Aber man fand auch unverdaute Kopfläuse und mikroskopische Spuren von Nadelholz, das nirgendwo auf Grönland wächst. Vermutlich waren es Splitter von Eßschalen aus Treibholz.

Infrarotlicht brachte unter der zu dunkelbraunem Leder gewordenen Gesichtshaut Tätowierungen zum Vorschein, wie sie bei Eskimofrauen noch bis in unser Jahrhundert hinein üblich waren. Die tief unter die Epidermis gestichelten Ornamente aus Ruß- und Aschesud zeigten charakteristische «Handschriften». Zwei der Frauen hatten offenbar denselben «Künstler» gewähren lassen – eine andere mit abweichender Ornamentik scheint aus einer anderen Region nach Qilakitsoq geheiratet zu haben. Die mit 50 Jahren älteste Frau bot den Wissenschaftlern ein erschütterndes Zeugnis von der Härte des arktischen Lebens. Sie litt unter anderem unter den Spätfolgen einer längeren Hungerperiode in der Kindheit. Durch einen unter Eskimo weit verbreiteten Krebs des Nasenraumes war sie auf einem Auge erblindet und taub geworden. Dennoch hatte die Frau ihr Leben lang hart arbeiten müssen. Das ständige Weichkauen von Fellen hatte ihre Schneidezähne deformiert oder ganz ausfallen lassen. Die Backenzähne zeigten tief eingekerbte Rillen vom ewigen Drillen des Nähgarns aus zähen Robbensehnen; der linke Daumennagel war voller Schnittfurchen, die das «Frauenmesser» beim Zurichten der Felle hinterläßt.

Da die Thule-Eskimo den Weg ins Reich der Toten wohl für besonders weit und kalt hielten, hatten sie den Verstorbenen zusätzlich zu ihrer vollständigen Bekleidung reichlich Gewänder aus Fellen und Federn mitgegeben. Das verhalf den Wissenschaftlern zu einer kompletten Kollektion von Kleidungsstücken. Geradezu genial kombinierten die Eskimo unterschiedliche Fellarten und Federbälge von Seevögeln nach ihren ganz spezifischen, thermischen Eigenschaften. Durch die geschickte Anordnung von Unter- und Oberkleidung und einen thermotechnisch optimalen Schnitt erreichten sie, daß die Kleidung nicht nur in der Eiseskälte genügend wärmte. Sie «atmete» auch ausreichend, um Schweißbildung nach Anstrengungen zu verhindern. Anders hätte man riskiert, daß sich der nasse Körper in Ruhepausen mit einer todbringenden Eisschicht überzogen hätte.

Hans Joachim Kürtz

Im modernen Grönland hat sich «internationale Kleidung» durchgesetzt. Dennoch sind die traditionellen, über Jahrtausende bewährten Kleidungsstücke nicht in Vergessenheit geraten: Die weite Kapuze ist warm und praktisch zum Babytransport; der alte Fischer trägt Stiefel aus Seehundfell.

Zwar gehörte Grönland zur dänischen Krone, doch siedelten sich die holländischen Walfänger vorübergehend auf der Insel an – Städtenamen wie Sukkertoppen (Maniitsoq) erinnern noch heute daran. Sie trieben schwunghaften Tauschhandel mit den Eingeborenen: Pelzwerk und Elfenbein gegen Messer, Nadeln, Gewehre und Glasperlen, wie sie noch heute die farbenprächtige Nationaltracht zieren. Für die Eskimo bedeutete dieser Sprung in die «Eisenzeit» auch das Abgleiten in die Abhängigkeit von Nachschub aus Europa. Das veränderte die eskimoische Lebensweise. Die Fremden brachten auch den Alkohol, der zu einer Geißel wurde. Sie schleppten Pocken, Diphterie, Tuberkulose und Geschlechtskrankheiten ein. Bei der jährlichen Invasion von Tausenden von Seeleuten hatten die Kontakte mit den Eskimo aber noch andere Folgen: Die fremden weißen Walfänger sorgten dafür, daß aus den Inuit allmählich ein Mischvolk wurde.

WO HUNDE WERTVOLLER SIND ALS AUTOS

Unter den mehr als 100 000 Knochen im Küchenmüll von Qeqertasussuk waren auch säuberlich gespaltene Schädel von Polarfüchsen – ihr Hirn war offensichtlich als Delikatesse verspeist worden. Außerdem entdeckte man die ältesten Knochen von Hunden in der Arktis, die sich in ihrer Größe durchaus mit den heutigen Schlittenhunden messen konnten. Wie man vor 4000 Jahren schon auf den Hund kam, der viel später zum treuesten Helfer und Begleiter der Inuit werden sollte, und zu welchem Zweck man ihn schon damals hielt, ist den Archäologen heute noch ein Rätsel. Fest steht nur, daß man die Vierbeiner in Qeqertasussuk irgendwann verspeist hat, wie Schnittspuren an den Knochen zeigen.

«Gebt mir den Schnee, gebt mir die Hunde, alles andere könnt ihr behalten!» hatte sich Knud Rasmussen über das Reisen mit dem Hundeschlitten in der unendlichen weißen Wüste begeistert. Rasmussen, der auf Grönland mit Hunden vor jedem Haus aufgewachsen war, hatte sich bei seinen Forschungsfahrten durch die Welt aus Eis immer wieder auf seine Hundegespanne verlassen. «Wir haben zusammen geschuftet, wie nur lebende Wesen einander helfen können, bald im Kampf gegen die Unwegsamkeiten des Preßeises, bald in der Hetzfahrt der Jagdreisen, am fröhlichsten jedoch, wenn wir hungrig und verkrümmt von der Lust auf Fleisch ferner Wohnplätze gewahr wurden ...», würdigte Rasmussen das Verdienst seiner treuen Begleiter an der 20 000 Kilometer langen fünften Thule-Expedition.

Die Kombination von Schlitten und Hunden war ein weiterer Meilenstein auf dem mühevollen Weg der Eskimo durch die Polarwelt. Damit konnte man während

Nur durch fettreiche Nahrung kann der Mensch in der arktischen Kälte überleben: Robbenfleisch auf dem Markt in Uummannaq (oben); alter Fischer in Maniitsoq (Mitte); im Hafen von Ilulissat (unten).

der langen Winterzeit die Jagdreviere weit ausdehnen – die hechelnden und jaulenden Helfer zogen selbst die schwerste Beute über Stock und Stein heimwärts. Die Hundegespanne blieben bis in die jüngste Zeit das einzige Transportmittel der Hocharktis. Ohne diese zähen Gefährten des Menschen wäre die einzigartige Jagdkultur der Inuit schon lange untergegangen. Kräftige, gehorsame Hunde waren für die Eskimo die beste Lebensversicherung. Und ein prächtiges Gespann zählte als Statussymbol.

Noch heute können sich viele Grönländer ein Dasein ohne ihre Hunde nicht vorstellen – sie gehören noch immer zum täglichen Leben. Auch Jonathan Egede, der in Ilulissat in seiner modernen Etagenwohnung alle Segnungen der modernen Technik vom Geschirrspüler bis zum Satellitenfernseher genießt, wüßte nicht, wie er im Winter ohne sein Gespann sein Brot verdienen sollte: «Für unsere Hunde gibt es keinen Ersatz – das kann kein Snowmobil leisten und kein Raupenfahrzeug! Ohne die Hunde gäbe es keine Eisfischerei auf dem Fjord und die Fischfabrik würde für Monate stillstehen». Mit ein paar kräftigen Fußtritten treibt Jonathan ein jaulendes Knäuel von Raufbolden in seinem Gespann auseinander. Er muß den Hunden immer wieder zeigen, wer der Anführer im Rudel ist – besonders liebevoll gehen die Grönländer mit ihren Anvertrauten nicht um, auch wenn sie auf engste Partnerschaft angewiesen sind.

Ilulissat – das frühere Jakobshavn – ist Grönlands drittgrößte Stadt. Es zählt 4575 Einwohner, 90 Autos und – über 6000 Hunde. Für die 90 Autos enden alle Straßen und Wege am Rand der Stadt. Überlandverbindungen gibt es nicht – von keinem einzigen Ort der ganzen Zwei-Millionen-Quadratkilometer-Insel führt eine Straße zu einem anderen. Für die Hunde braucht man keine Straßen. Sie ziehen die Schlitten querfeldein von einer Siedlung zur anderen – für die meisten abgelegenen Wohnplätze ist das während der langen Wintermonate noch immer die einzige zuverlässige Verbindung mit der Außenwelt. Und sie zerren die zentnerschweren Heilbuttfänge, die Jonathan und seine sechs Dutzend Kollegen aus Ilulissat aus dem Eisfjord ziehen, über die unwegsamen Berge, 30, 40 strapaziöse Kilometer weit, bei jedem Wetter und bei Eiseskälte. Auch nach Jahrtausenden gibt es da keinen Ersatz für das älteste und bewährteste Landfahrzeug der Eskimo.

ROBBENFANG ALS LEBENSGRUNDLAGE

Über der Halbinsel Nuussuaq liegt der kurze arktische Sommer, der keine Dunkelheit kennt. Die Sonne geht auch nachts nicht unter – sie bleibt als großer, roter Ball über dem Horizont, als wollte sie ihr langes Fernbleiben

«Das Tier mit der Haut wie ein Bart» nennen die Inuit den Moschusochsen, der in Grönland streng geschützt ist.

im Winter wiedergutmachen. Nur ein angedeutetes Dämmern in weichen Pastellfarben trennt einen Tag vom anderen. Die 140 Menschen in der kleinen Robbenfängersiedlung Illotsuit vergessen in diesen hellen Wochen die Tageszeiten und den Schlaf – dafür hält der Herbst genügend dunkle Stunden bereit. Von Ende November an wird sich die Sonne für zehn Wochen gar nicht mehr zeigen.

Irgendwann um Mitternacht schiebt sich der Kutter von Moses Tobiasen durch das Gewirr der Eisberge in die kleine Bucht von Illotsuit. Zwei Tage war er mit seinen beiden Söhnen und dem Nachbarn auf *utog* – auf Fang in der Uummannaqbucht. Die blutige Fracht an Deck des Kutters zeigt, daß sich die lange Fahrt gelohnt hat. Fünf Ringelrobben und eine stattliche Sattelrobbe werden an Land gewuchtet – das sind sechs, sieben Zentner Fleisch für zwei Familien und für drei Dutzend ewig hungriger Schlittenhunde. Dazu sechs Felle, die am Morgen – in Holzrahmen gespannt – an einer Hauswand zum Trocknen hängen werden. An jedem der freundlichen bunten Holzhäuschen in Illotsuit hängt ein solcher Rahmen mit Robbenfellen.

Noch in der Nacht zerlegt Hansine Tobiasen die zentnerschweren Robben auf dem Küchenfußboden und teilt die Berge von Fleisch und Speck in Portionen auf. Sorgfältig schabt sie die Felle mit dem *ulo*, dem traditionellen Frauenmesser, von allen Fettresten frei, wäscht sie und spannt sie in großen Holzrahmen zum Trocknen auf. Seit Jahrtausenden ist das allein Sache der Frauen. Während die Sonne wieder mit blitzblankem Morgengesicht hinter den Eiskathedralen in der Bucht aufsteigt, stellt Hansine ihren Männern den ersten Topf mit geschmortem Robbenfleisch auf den Frühstückstisch. Nach ein paar Stunden Schlaf greifen die drei kräftig zu.

Moses Tobiasen zeigt auf die Felle in den Spannrahmen: «Das Fleisch haben wir immer selber gegessen, die Felle haben wir früher gut verkauft. Das brachte uns das Geld für alles, was wir zum Leben noch dazukaufen müssen. Und das Leben hier ist teuer! 1975 habe ich noch meine 900 Felle verkauft, für 250 Kronen das Stück und mehr. Zehn Jahre später war die Katastrophe da!» Die Katastrophe – das war der weltweite Boykott von Robbenpelzen, der Ende der siebziger Jahre von Umweltschützern gegen das brutale Robbenbaby-Schlagen vor der kanadischen Küste ausgerufen worden war. Die grönländischen Fänger mußten froh sein, wenn man ihnen in den folgenden Jahren überhaupt noch Felle abnahm und ihnen 50 Kronen, das sind umgerechnet 15 DM, zahlte. Um die Menschen in ihren Siedlungen zu halten und die Küste nicht zu entvölkern – immerhin

Vom Ufer eines Gletscherflusses in der Nähe von Kangerlussuaq reicht der Blick bis an den Rand des Inlandeises.

lebt ein Fünftel der Bevölkerung in den Fängergebieten –, mußte die Regierung in Nuuk finanziell helfen. Sie legte für jedes Fell 150 Kronen als verkappte Sozialhilfe drauf, um die Fängerkultur nicht zugrunde gehen zu lassen. Dabei ist es bis heute geblieben.

«Und alles nur, weil man uns mit den professionellen Robbenschlächtern in Kanada in einen Topf geworfen hat», empört sich Moses Tobiasen. «Dabei haben wir Inuit hier in Grönland niemals Robbenjunge wegen ihres Fells getötet. Wir jagen Fleisch, große, ausgewachsene Tiere – je schwerer die Robbe, desto besser. Wir haben seit Jahrtausenden von der Natur gelebt – und mit der Natur. Wir wissen deshalb wohl am besten, wo und wann sie geschont werden muß.»

DIE SEGNUNGEN DER ZIVILISATION

Marinierten Schwarzen Heilbutt auf Gurkenrahm, Tomatenconsommé, Rinderlende in Kräuterkruste mit Kartoffelgratin und Mokkaparfait empfiehlt der Küchenchef als Tagesmenü. Kerzen brennen, das Tischsilber blitzt, der Rotwein funkelt in den Gläsern. Kaum siebenhundert Kilometer trennen diese Welt der noblen Gastlichkeit von Illotsuit mit seinen heulenden Hundemeuten zwischen den bunten Holzhäuschen, seinen drei Dutzend Fängerfamilien, seinen Existenzsorgen mit der Robbenjagd und den Fellpreisen und seinen gemächlich dahintriftenden Eisbergflottillen in der Uummannaqbucht.

Auch aus dem Restaurant im sechsten Stock des Nobelhotels in Nuuk lassen sich fern am Horizont Eisberge ausmachen, die die nahen Gletscherfjorde in die Davisstraße entlassen. Nicht weit von hier bauten vor tausend Jahren die Wikinger ihre stattlichen Höfe von Østerbygd. Siebenhundert Jahre später, 1728, errichtete der Grönlandapostel Hans Egede hier seine erste Kirche und lehrte die hungrigen Eskimo, das Vaterunser mit der Bitte um das tägliche Fleisch zu beten. Er nannte seinen Wohnplatz «Gute Hoffnung» – Godthåb. Heute heißt Godthåb Nuuk und ist die Hauptstadt Grönlands.

Egede hatte nicht nur mit missionarischem Eifer die heidnischen Eskimo zu christlichen Kindern Gottes bekehrt. Seine Aktivitäten im Namen des dänischen Königs hatten die alten Erbrechte der Krone an dem eisigen Kontinent für alle Welt sichtbar neu aufleben lassen. Grönland wurde dänische Kolonie und blieb es zweihundert Jahre lang bis zum Jahr 1953 – isoliert und gegenüber Einflüssen von außen abgeschottet, wenn man von der Zeit der europäischen Walfängerflotten vor seinen Küsten absieht.

Erst als die Amerikaner im Zweiten Weltkrieg Stützpunkte für ihre Bomberflotten auf der Insel anlegten, kamen die Grönländer mit der Wirklichkeit des 20. Jahrhunderts in Berührung. Damit setzte der große Aufbruch ein, der schließlich dazu führte, daß Kopenhagen die dänische Kolonie Grönland 1953 zur dänischen Provinz Grönland machte – eine Provinz von der fünfzigfachen Größe des Mutterlands im fernen Europa. Mit dem wachsenden ethnischen und politischen Selbstbewußtsein der jungen Generation, die nicht wie ihre Väter Europäer sein wollten, wuchs die Forderung nach Selbständigkeit. Ein Vierteljahrhundert nach dem Abschied von der Kolonie mußten die Dänen die Insel 1979 in die Autonomie entlassen. Seither entscheidet ein eigenes Parlament über die Angelegenheiten der 55 000 Grönländer. Nur die Außenpolitik, die Verteidigung und die Justiz blieben bei Dänemark. Stolz hißte man neben der dänischen Flagge mit dem weißen Kreuz im roten Feld das rotweiße Tuch mit dem Symbol der Sonne über dem ewigen Eis – die Flagge von Kalaallit Nunaat, dem «Land der Menschen», wie die Insel heute offiziell heißt.

Dieses Bärlappgewächs (Huperzia selago) gehört zu den erstaunlich zahlreichen Arten, die trotz der äußerst kurzen Vegetationsperiode in Grönland gedeihen.

Nuuk ist die Metropole des Menschenlandes: Mit seinen 13 000 Einwohnern macht der Ort vor der Leere der Rieseninsel den Eindruck einer pulsierenden Großstadt. Über den Tuapannguit, die Hauptstraße der City, flutet Tag und Nacht lebhafter Autoverkehr. Es gibt Kaufhäuser und Galerien, Boutiquen und Banken, Computershops und Diskotheken, ein Parlament und eine Regierungskanzlei. Museen und selbst eine Universität – für ganze 25 neue Studenten pro Jahr. Die Alma mater am Eis mit ihren Lehrstühlen für Eskimologie, Linguistik, Staatskunde und Theologie hat ihre Bleibe im alten Missionshaus der Herrnhuter Brüder gefunden, die der Dänenkönig 1730 zur Unterstützung Egedes aus Sachsen kommen ließ. Viele der Herrnhuter heirateten Inuitfrauen und gründeten Familien auf Grönland – Namen wie Chemnitz, Motzfeld oder Kleinschmidt stehen noch heute im grönländischen Telefonbuch.

Als die dänischen Planer vor 40 Jahren am Reißbrett begannen, die rückständige Kolonie Grönland in eine Provinz von europäischem Standard umzubauen, lebten in Nuuk kaum mehr als 3000 Menschen in kleinen, über die Granitfelsen verstreuten Häuschen. Als erstes ging man daran, die Bewohner aus den fernab gelegenen Kleinsiedlungen entlang der Küste in die zentralen Orte zu holen. Dort meinte man sie besser und billiger mit neuer, öffentlicher Wohlfahrt versorgen zu können. Man baute für diese Menschen, die nur ihre Torfhäuser in der freien Landschaft oder einfache Holzhütten mit blakenden Petroleumöfen an einer einsamen Bucht gekannt hatten, zentralgeheizte Wohnungen mit elektrischem Licht und fließendem Wasser – in mehrgeschossigen Betonkasernen. Im Zentrum von Godthåb wuchs ein Wohnblock neben dem anderen empor, eng beieinander und ausgerichtet in Reih und Glied. Der größte hat über 500 Menschen unter seinem Dach – statistisch jeden hundertsten Grönländer. Die Entwurzelung der Menschen und ihre Kasernierung schuf ungeheure soziale Probleme, die keiner der wohlmeinenden Planer am Reißbrett vorausgesehen hatte. Die Bewohner suchten Zuflucht im Alkohol, die ungewohnte räumliche Enge ließ die Aggressivität wachsen. Die Gewalt im Rausch sorgte für düstere Rekordzahlen bei den Tötungsdelikten. Die Selbstmordrate – vor allem bei jungen Leuten – wuchs erschreckend.

Man hat aus den Planungssünden der sechziger und siebziger Jahre gelernt. Die neuen Stadtteile von Nuuk zeigen eine erfrischende, experimentierfreudige Abkehr von der architektonischen Seelenlosigkeit früherer Jahrzehnte. Man baut nur kleinere Einheiten und läßt der Natur genügend Freiraum zwischen den Wänden aus Holz und Beton. Man hat sich außerdem bemüht, das soziale Netz anders zu knüpfen, hat versucht, die schlimmste Geißel, den Alkohol, von der Insel zu verbannen – letzteres jedoch mit wenig Erfolg.

Neue Schwierigkeiten kamen mit der wachsenden Arbeitslosigkeit hinzu. Der *saarullik*, der Dorsch, von dem die grönländische Wirtschaft seit den zwanziger Jahren vor allem gelebt hat, ist aus den Küstengewässern verschwunden. Die großen Trawlerflotten der Europäer und die eigenen Fangschiffe haben das grönländische Meer leergefischt – in den Filetfabriken stehen die Bänder immer häufiger still. Auch die Rote Tiefseekrabbe, von der man euphorisch als vom «Grönländischen Gold des Meeres» sprach, weil ihr Export Ende der achtziger Jahre ein Drittel aller Ausfuhrerlöse einbrachte, hat sich rar gemacht – bei gleichzeitig

Verglichen mit der Eiswüsten des Nordens erscheint das sommerliche Südgrönland fast lieblich.

Oben: Tingimiut, eine bescheidene Schaffarm nahe Narsarsuaq.

Unten: An der Seenplatte von [illegible] südlich von Qassiarsuk.

Mitternachtsstunde im Juli. Die Sonne vergoldet die Eisberge vor Sarqaq und verzaubert den Betrachter.

Gegenlicht am späten Nachmittag läßt Meer und Eis fast unwirklich erscheinen.

sinkenden Weltmarktpreisen. So bleiben auch die Krabbenfänger immer häufiger in den Häfen. Das wichtigste, umsatzstärkste Gewerbe der grönländischen Wirtschaft steckt in einer katastrophalen Krise.

Für die arbeitslosen Fischer in Nuuk, in Qasigiannguit oder in Aasiaat ist es kaum ein Trost, daß die Insel – wie die ganze Arktis – eine wahre Schatzkammer ist, angefüllt mit Edelmetallen und seltenen Erzen, deren Namen der normale Sterbliche kaum je gehört hat: Ilmenit, Scheeit, Niob, Magnetit, Palladium, Molybdän. An der Ostküste hat man vielversprechende Gold- und Platinlagerstätten ausgemacht. Im Meeresboden unter der Davisstraße sucht man nach dem «Schwarzen Gold», nach Erdöl, das in der kanadischen Arktis schon reichlich fließt. Die Regierung in Nuuk setzt für die künftige wirtschaftliche Entwicklung ihre ganze Hoffnung auf die im Boden schlummernden Schätze.

Nur gibt es da ein großes Problem: Das ist die widerborstige Beschaffenheit der Insel. Jede Erschließung erfordert unter den extremen Bedingungen der Arktis gigantische Investitionen. Das läßt die internationalen Montankonzerne noch abwarten, bis bei der Verknappung bestimmter Rohstoffe eines Tages die Preise stimmen. Doch mit Abwarten und Hoffen ist Grönland und seinen arbeitslosen Fischern heute wenig geholfen.

ARSARNERIT, DAS HIMMELSLICHT

Der Abend in Ilulissat läßt die Nähe des Winters ahnen. Über dem wolkenlosen Himmel wehen zarte Gazefahnen aus blassem Licht, in weißlichem Grün und hellem Rosa, in wellenförmigem Auf und Ab, ein durchsichtiger Vorhang, der sich faltet und entfaltet. Die Aurora borealis, das Nordlicht, zeigt sich in den Herbstnächten über dem Eis in besonderer Schönheit.

Für die Physiker ist diese farbenreiche Himmelserscheinung nichts anderes als die elektrische Entladung von Sonnenpartikeln beim Eindringen in die Ionosphäre über den Polen mit ihren Magnetfeldlinien. Für den großen Antarktisforscher Robert Scott dagegen war das Lichterspiel «die Andeutung von etwas durch und durch Spirituellem». Es sei nicht möglich, schrieb er, «eine derartig schöne Erscheinung ohne ein Gefühl von ehrfurchtsvoller Scheu zu erleben».

Arsarnerit nennen die Inuit das schwebende Himmelslicht. Arsarnerit bedeutet Ballspiel – man glaubte früher, daß die Seelen der Verstorbenen mit Walroßschädeln spielten; zahlreiche Sagen und Legenden ranken sich darum. An diesem kalten Herbstabend in Ilulissat zeigen die toten Seelen ein besonders eindrucksvolles Spiel am Sternenzelt über dem Eisfjord.

Wie ein nasser Felsen wirkt dieser gewaltige Eisberg vor Sarqaq, der wohl erst vor kurzem vom Gletscher auf die Reise geschickt wurde.

INHALT

Ziffern im Kreis verweisen auf die Karte Seite 63, kursive Ziffern am Ende der Abschnitte auf Abbildungen.

DATEN · FAKTEN · ZAHLEN

GEOGRAPHIE. Grönland ist mit 2187700 Quadratkilometern die größte Insel unseres Planeten – fünfzigmal so groß wie das Mutterland Dänemark und mehr als sechsmal so groß wie die Bundesrepublik. Grönland liegt im nördlichen atlantischen Ozean, umgeben von Baffinbucht, Davisstraße und Robesonkanal im Westen, dem Grönlandmeer und der Dänemarkstraße im Osten und Polarmeer und Atlantik im Norden bzw. Süden. Grönland gehört geographisch zum nordamerikanischen Kontinent. Von der Westküste Grönlands sind es 26 Kilometer nach Kanada; von der Ostküste beträgt die Entfernung nach Island 220 Kilometer und nach Norwegen 500. Die Strecke vom Kap Morris Jesup (83°39′ nördliche Breite) im Norden, zum Kap Farvel (59°46′) im Süden, ist etwa 2670 Kilometer lang. Kap Morris Jesup liegt gerade 740 Kilometer vom Nordpol entfernt. Kap Farvel liegt ungefähr auf der Höhe Oslos. Westlichster und östlichster Punkt sind Kap Alexander (73°8′ westliche Länge) und Kap Nordostrundingen (11°39′); die Strecke dazwischen mißt etwa 1060 Kilometer.

Gefahrvoller Fischfang im Eismeer.

Der größte Teil Grönlands ist mit Eis bedeckt: Etwa 1799850 Quadratkilometer, also 82 Prozent der Gesamtfläche. Dieses Inlandeis ist im Durchschnitt 1600 Meter dick, und sein Volumen beträgt ungefähr 2600000 Kubikkilometer. Der Wasserspiegel aller Weltmeere würde um sechs Meter ansteigen, wenn dieses Eis schmelzen würde. Das Inlandeis bestimmt das Luftbild Grönlands: eine riesige grau-weiße Eiswüste. Eisfrei sind nur ein bis zu 250 Kilometer breiter Küstenstreifen und das Pearyland, eine Tundra im Norden der Insel. Nur hier können Menschen leben – in 125 Siedlungen, von denen 69 weniger als 100 Bewohner haben.

Das Gestein Grönlands gehört zum ältesten auf der Welt; es ist bis zu 3700000000 (3,7 Milliarden!) Jahre alt. An der Küste erheben sich an vielen Stellen Berge, deren höchster, der Gunnbjørns Fjeld, 3700 Meter mißt. Die Küste ist von Fjorden zerfurcht, deren längster, der Scoresbysund, 300 Kilometer lang ist. Wegen der vielen Fjorde ist Grönlands Küstenlinie fast 40000 Kilometer lang. Vor der Küste liegen unzählige kleinere Inseln. Die größte dieser Inseln ist mit 8600 Quadratkilometern die Insel Disko, die in der Diskobucht liegt.

BEVÖLKERUNG. Grönland hat heute ungefähr 55000 Einwohner. Davon sind 80 Prozent Inuit oder gemischt dänisch und Inuit, die anderen 20 Prozent Europäer, meist Dänen. Fast die Hälfte der Bevölkerung ist jünger als 25 Jahre. Die »Ureinwohner« Grönlands bezeichnen sich selbst als Inuit, »Menschen«. Sie ziehen diesen Begriff der alten Bezeichnung »Eskimo« vor, die aus der Sprache der nordamerikanischen Algonkinindianer stammt und so viel wie »Rohfleischfresser« bedeutet. Auch die Benennung der Inuit durch die Wikinger ist wenig schmeichelhaft. Sie nannten sie »Skrälinger«: »die, die von der Sonne runzelig geworden sind«.

ERFORSCHUNG. Nach dem Verschwinden der letzten Wikinger gab es fast zwei Jahrhunderte lang keine Kontakte zwischen Grönland und Europa. Erst Ende des 16. Jahrhunderts drangen wagemutige Seeleute auf der Suche nach der Nordwestpassage, einer schiffbaren Verbindung zwischen Atlantik und Pazifik, weit in den eisigen Norden vor und holten Grönland aus der Vergessenheit. So umsegelte der englische Seefahrer Martin Frobisher 1578 die Südspitze der Insel und gab ihr den Namen

Grönlands Kartenbild zeigt deutlich die riesige Fläche des Inlandeises, das die Ansiedlung von Menschen verhindert hat. Auch die Ostküste ist schwer zugänglich. So leben die Bewohner hauptsächlich am südlichen und südwestlichen schmalen Rand – heute wie zu Zeiten der Wikinger.

Kap Farvel. Nachdem mit der Katastrophe von 1777 (*siehe Seite 47*) das Jahrhundert der Walfänger zu Ende gegangen war, gelang es zahlreichen Expeditionen, immer weiter in noch unbekannte Gebiete vorzudringen. Vater und Sohn Scoresby – ehemalige englische Walfänger – erforschten die Ostküste Grönlands und gaben dem Scoresbysund ihren Namen. Erst 1888 gelang es Fridtjof Nansen und seinen Begleitern, das Inlandeis in seiner ganzen Breite zu überqueren. Er startete in Ammassalik, das vier Jahre zuvor von Gustav Holm mit seiner berühmten Frauenbootexpedition erreicht worden war. 1910 richteten Peter Freuchen und Knud Rasmussen die Handelsstation Thule ein. Durch die weiteren Thule-Expeditionen in den folgenden 20 Jahren trug der gebürtige Grönländer Rasmussen wesentlich zur Erforschung der Eskimokultur bei (*siehe auch Seite 28*).

Zahlreiche Abenteurer versuchten seitdem mehr oder weniger erfolgreich, das Inlandeis zu überqueren. Den Deutschen Alfred Wegener kostete es 1930 das Leben.

WIRTSCHAFT. Es ist wohl keine Überraschung, daß der Fischfang den größten Zweig der grönländischen Wirtschaft darstellt. In den Gewässern vor Grönlands Küste werden jährlich etwa 150 000 Tonnen Fisch gefangen – vor allem Shrimps, Dorsch und Heilbutt –, davon knapp 50 Prozent von grönländischen Fischern. Etwa ein Viertel der Bevölkerung ist wirtschaftlich vom Fischfang abhängig. Seit die letzten Bergwerke auf Grönland geschlossen worden sind, machen Fischprodukte 95 Prozent der Exporte aus.

Einen weiteren wichtigen Wirtschaftszweig bilden Schaf- und Rentierzucht. Während Schafhaltung nördlich des Polarkreises verboten ist, dürfen südlich davon keine Schlittenhunde gehalten werden. Offenbar vertragen sich beide nicht! Die so entstehende «Grenze» zwischen beiden Gebieten nennt man den «Hundeäquator». Es gibt auf Grönland etwa 80 Schaffarmen mit rund 20 000 Tieren. In zwei Rentierfarmen leben etwa 6000 Tiere. Die Jagd auf Robben, Wale, Eisbären und Vögel ist zwar noch ein wichtiger Bestandteil des grönländischen Lebens, hat aber wirtschaftlich kaum Bedeutung.

Auch der Tourismus spielt noch keine besonders große Rolle. Erst 1960 hob Dänemark die Einreisesperre für Nicht-Dänen auf, und Jahre danach gab es noch keine andere Verbindung nach Grönland als eine wochenlange Seereise. In jüngster Zeit arbeitet Grönland intensiv am Ausbau der touristischen Möglichkeiten – von Hotels verschiedener Kategorien über bessere Reiseverbindungen bis zu besonderen Attraktionen wie einer mehrtägigen Fahrt im nachgebauten Wikingerschiff. Noch ist Grönland als Reiseziel ein Geheimtip. Es gibt dort abgesehen von Dänen, die oft nicht Touristen im strengen Sinne sind, gerade mal 6000 Besucher im Jahr. Nach dem Willen der Grönländer sollen es bis zum Jahr 2005 über 30 000 werden.

Deutsche Grönlandexpedition von 1930. Ihr Leiter Alfred Wegener kam wenige Tage nach seinem 50. Geburtstag auf dem Inlandeis ums Leben.

Die dänische Regierung stellt etwa die Hälfte des grönländischen Haushaltes. Fast zwei Drittel der berufstätigen Grönländer sind im öffentlichen Sektor beschäftigt, vor allem bei der Kalaallit Niuerfiat (KNI), der staatlichen Handelsorganisation, die in 53 Siedlungen Geschäfte betreibt und unter anderem das Monopol für alkoholische Getränke und Zigaretten hat.
Zuverlässige Zahlen zur Arbeitslosigkeit gibt es nicht. Es scheinen nur etwa ein Viertel aller Grönländer vollbeschäftigt zu sein. 65 Prozent der berufstätigen Bevölkerung sind Männer, nur 35 Prozent Frauen. Über die Hälfte sind ungelernte Arbeiter.

POLITIK UND VERWALTUNG. Grönland schickt seit 1953 als Provinz zwei Vertreter in das dänische Parlament. Seit 1979 hat Grönland innere Selbstverwaltung, die *Hjemmestyre* genannt wird. Nur Außenpolitik, Verteidigungspolitik und das Rechtssystem sind noch dänisch. Die Insel ist Mitglied der *Inuit Circumpolar Conference*, in der die Inuit Alaskas, Kanadas und Grönlands gemeinsam organisiert sind.
Unter der Selbstverwaltung wählen die Grönländer alle vier Jahre einen *Landesting* (Landtag) mit 27 Vertretern. Die drei größten Parteien sind die sozialdemokratische und grönländisch-nationalistische *Siumut* («Vorwärts»), die dänemarkfreundliche *Atassut* («Solidarität») und die *Inuit Ataqatigiit* («Inuit Solidarität»), die für einen Zusammenschluß mit den US-amerikanischen, kanadischen und sowjetischen Inuit in einem eigenen Staat eintritt. Grönland ist in drei Verwaltungsbezirke eingeteilt: Kitaa (Westgrönland), Tunu (Ostgrönland) und Avanersuaq (Nordgrönland). Der Westen sowie die Kommunen Avanersuaq (Thule), Tasiilaq und Ittoqqortoormiit (Scoresbysund) wählen Kommunalräte.

FLAGGE UND WAPPEN. Grönlands Flagge ist die einzige in Skandinavien, die nicht auf dem nordischen Kreuz aufbaut. Ihren Mittelpunkt bildet ein halb roter, halb weißer Kreis, der auf weiß-rotem Hintergrund steht und Sonne, Meer (rot), Inlandeis und Eisberge (weiß) darstellen soll. Grönlands Wappen zeigt einen aufrechten Eisbären auf blauem Grund.

ORTSZEIT. Die grönländische Zeit ist der mitteleuropäischen vier Stunden hinterher. Um 12 Uhr mittags in Deutschland ist es also in Grönland erst 8 Uhr morgens. Während der deutschen Sommerzeit vergrößert sich diese Differenz auf fünf Stunden. Ittoqqortoormiit im Nordosten und Qaanaaq im Nordwesten haben eigene Zeitzonen. Qaanaaq ist noch eine Stunde hinterher. Ittoqqortoormiit liegt eine Stunde näher an Europa: Wenn es in Deutschland 12 Uhr mittags ist, ist es dort 9 Uhr morgens.

SPRACHE. Die Sprache der Inuit auf Grönland ist das Grönländische. Obwohl sie verschiedene Dialekte eines gemeinsamen Sprachstammes sprechen, verstehen sich sogar die Inuit Alaskas, Kanadas und Grönlands ohne weiteres. In der Form, wie sie auf Grönland gesprochen wird, hat die Sprache viele dänische Lehnwörter. Es gibt noch keine verbindliche Umschrift der Sprache, so daß man immer wieder unterschiedliche Schreibweisen der Orte sieht. Grönländisch hat fast nur Plosivlaute wie p, t und k, und das q wird ähnlich wie «chr» ausgesprochen. Worte wie «Qaqortoq» werden dadurch zu Zungen- oder Rachenbrechern! Ungewohnt für uns ist, daß nach dem q nicht immer ein u folgen muß.
Das Grönländische ist eine Sprache, die fast nur aus Substantiven besteht, die durch Vor- und Nachsilben ergänzt werden. «Es soll zweihundert Zusatzstämme geben, aber, sagen die Sachkundigen tröstend, selten verwendet man mehr als zehn aufs Mal», schreibt Märta Tikkanen (*Der große Fänger*, → Reiseliteratur).

DATEN DER GRÖNLÄNDISCHEN GESCHICHTE

Etwa 2000 v. Chr. Eine asiatische Bevölkerungsgruppe, heute nach einem Fundort als Independence-I-Kultur bezeichnet, wandert von Sibirien über die Beringstraße und Nordamerika nach Grönland und siedelt sich dort im Norden an.

Etwa 1000 v. Chr. Ein weiterer asiatischer Volksstamm, das Sarqaq-Volk, erreicht Grönland. Es jagt mit Pfeil und Bogen und bringt den Hund als Lastenträger mit auf die Insel. Mit der Zeit verschmelzen Independence-I- und Sarqaq-Kultur, und die Stammesmitglieder siedeln sich einige hundert Kilometer weiter südlich, in der Gegend der Diskobucht, an.

Um die Zeitenwende. Träger der nordkanadischen Dorset-Kultur siedeln auf Grönland. Sie führen die Harpune als Jagdwaffe ein und bauen erstmals auf Grönland Schneehäuser, die sogenannten Iglus.

Um 950. Der isländische Wikinger Snaebjörn Galti flieht mit einigen Kameraden nach Grönland und überwintert in einem Fjord in der Nähe von Ammassalik.

982. Erik der Rote, ein wegen eines Rachemordes aus Norwegen nach Island verbannter Wikinger, wird auch dort geächtet, fährt auf den Spuren Snaebjörns nach Westen und erreicht die Ostküste Grönlands. Er segelt nach Süden, umschifft Kap Farvel und erkundet die Westküste. Erik verbringt drei Jahre in Grönland, dem er diesen Namen gibt, da er – nach der Sage – glaubt, ein schöner Name werde auch Menschen anlocken, und erbaut einen eigenen Bauernhof namens »Brattahlid«, das bedeutet »steiler Hügel«.

985. Erik der Rote wirbt auf Island wikingische Siedler an. Er bricht mit 35 Schiffen Richtung Grönland auf, von denen nur 14 ankommen. Die Wikinger gründen zwei Siedlungen, die beide an der Westküste liegen – die Østerbygd (Ostsiedlung) in der Gegend von Qaqortoq und Narsarsuaq sowie die Vesterbygd (Westsiedlung) im Gebiet des heutigen Nuuk.

Oben: Fridtjof Nansen (1861–1930). – Unten: Der europäische Bildungsbürger bezog seine Kenntnisse über fremde Völker auch aus solchen Bilderbogen (Lithographien; oben 1897, unten um 1860).

1000. Unter der Führung von Thjodhild, Eriks Frau, tritt die Bevölkerung Grönlands zum Christentum über.

Um 1000. Als letzte Gruppe der Inuit kommt die Thule-Kultur nach Grönland. Die Dorset-Kultur geht in ihr auf. Die Thule-Kultur benutzt den Kajak zur Jagd auf Robben, den *umiak* – das etwas größere »Frauenboot« für bis zu ein Dutzend Ruderer – zur Jagd auf Wale und zum Transport und führt außerdem den Hundeschlitten ein.

1261. Grönland wird von Norwegen annektiert, das ein Handelsmonopol errichtet. Zu dieser Zeit leben in Grönland auf etwa 300 Höfen rund 5000 Menschen.

Um 1300. Die Inuit leben nun zunehmend in ständigen Siedlungen. Man nennt ihre Kultur jetzt Inugsuk-Kultur. Sie breitet sich nach Süden aus (wo sie Kontakt zu den europäischen Siedlern hat) und nach Osten (bis etwa 1400 in die Gegend des heutigen Ammassalik).

1408. Das letzte historisch verbürgte Ereignis in den Wikingersiedlungen ist eine Hochzeit in der Kirche zu Hvalsey. Bereits davor bleiben die Handelsschiffe aus Norwegen aus, und in der Folgezeit sterben die Siedler aus ungeklärten Gründen aus.

17. Jahrhundert. Walfänger entdecken die reichen Fischgründe der Davistraße. In den nächsten zwei Jahrhunderten kommen Zehntausende dorthin und bauen Stützpunkte, aber keine festen Siedlungen. Es gibt Kontakte zu den Inuit, und die Vermischung der asiatischen und europäischen Völker beginnt.

1605. Grönland wird dänische Kolonie.

1721. Der dänische protestantische Missionar Hans Egede gründet eine neue feste Siedlung in der Nähe des heutigen Nuuk. Zu seiner Überraschung findet er keine Wikinger mehr auf Grönland vor und missioniert deshalb die Inuit.

1774. Die Königliche Grönländische Handelsgesellschaft wird gegründet, die ein Handelsmonopol für Grönland besitzt.

1884. Auf einer Expedition an die Ostküste »entdeckt« Gustav Holm Ammassalik und die dort lebenden Inuit.

1888. Fridtjof Nansen gelingt es als erstem Europäer, mit einer Expedition das Inlandeis zu überqueren.

1941. Während des Zweiten Weltkrieges errichten die Vereinigten Staaten militärische Stützpunkte auf Grönland.

1953. Grönland wird dänische Provinz; alle Grönländer und Grönländerinnen werden volle dänische Staatsbürger.

1979. In einer Volksabstimmung entscheidet sich Grönland für Teilautonomie (*Hjemmestyre*) vom Mutterland. Innere Angelegenheiten werden nun von einer demokratisch gewählten Landesregierung verwaltet. Die Königliche Grönländische Handelsgesellschaft wird durch die KNI – Kalaallit Niuerfiat (Grönländischer Handel) ersetzt.

Norbert Schürer

Das «wichtigste» grönländische Wort ist *imaqa*, was soviel wie «vielleicht» bedeutet und angeblich die Lebenseinstellung der Grönländer charakterisiert.
Fast alle Grönländer sprechen Dänisch. In Hotels und Touristeninformationen wird auch Englisch gesprochen, in Geschäften aber nur selten. Mit Deutsch ist man auf Grönland leider völlig verloren.

AUSKUNFT

Botschaften. *Königlich Dänische Botschaft mit Konsularabteilung*, Pfälzer Str. 14, D-53111 Bonn, Tel. 02 28 / 72 99 10, Telefax 02 28 / 7 29 91 - 31. *Dänische Botschaft,* Führichgasse 6, A-1015 Wien, Tel. 01/ 51 27 90 40, Telefax 01/ 5 13 81 20. *Dänische Botschaft,* Thunstr. 95, CH-3006 Bern, Tel. 0 31/3 52 50 11.

Informationsämter. *Dänisches Fremdenverkehrsamt*, Glockengießerwall 2, Postfach 10 13 29, D-20095 Hamburg, Tel. 0 40/ 32 78 03. *Dänisches Kulturinstitut*, Ferstelgasse 3, A-1090 Wien, Tel. 02 22/40 86 79 00. *Dänisches Informationsbüro*, Münsterhof 14, CH-8001 Zürich, Tel. 01/3 42 43 41.

Weitere Information. Für Reisen nach Grönland gibt es zwei spezialisierte Reisebüros: *Grønlands Rejsebureau*, Gammel Mønt 12, P. O. Box 130, DK-1117 Kopenhagen K, Tel. 00 45 / 33 13 10 11 und *Greenland Travel*, P. O. Box 330, G-100 Nuuk, Tel. 0 02 99 / 2 44 55. Die grönländische Landesregierung unterhält eine Informationsabteilung unter *Grønlands Hjemmestyre*, P. O. Box 1020, G-100 Nuuk. Es gibt auch ein Büro in Dänemark: *Namminersornerullutik Oqartussat. Greenland Home Rule*. Denmark Office. P. O. Box 2151, Pilestraede 52, DK-1016 Kopenhagen K, Tel. 00 45 / 33 13 42 24, Fax 00 45 / 33 13 49 71. Auf Grönland selbst steht in fast jedem Ort eine Touristeninformation zur Verfügung.

ANREISE

Die internationalen Flughäfen Grönlands sind Narsarsuaq ⑨, Nuuk ⑩ und Kangerlussuaq (Søndre Strømfjord) ⑤ im Westen und Kulusuk ⑥ im Osten. Narsarsuaq, Kangerlussuaq und Kulusuk werden von Kopenhagen über Reykjavik angeflogen, und zwar von *Grønlandsfly, Icelandair* und *SAS*. Man kann auch in einem Ticket unterschiedliche An- und Abflughäfen kombinieren. Die meisten Flüge aus Europa landen in Kangerlussuaq oder Narsarsuaq. Von Ottawa, Kanada, kann man über Iqaluit (Frobisher Bay) mit *Grønlandsfly* oder *First Air*, der einzigen den Inuit gehörenden Fluglinie, nach Nuuk fliegen.
Per Schiff erreicht man Grönland nur zu Anfang der Saison, wenn die grönländischen Passagierschiffe *Disko* und *Kununguak* («kleiner Knud», benannt nach Knud Rasmussens Spitznamen bei den Inuit) von ihren Heimathäfen in Dänemark für den Sommer nach Grönland fahren.

REISEN IN GRÖNLAND

Kein einziger Ort Grönlands ist mit einem anderen durch eine Straße verbunden. Fortbewegung ist nur durch die Luft, über Wasser oder mit Hundeschlitten möglich.

Links: Beinahe jeder Bewohner von Ilulissat scheint ein eigenes Boot zu besitzen.

Oben: Der Hubschrauber ist heute, wie hier in Uummannaq, eines der wichtigsten Verkehrsmittel.

Innerhalb Grönlands gibt es ein dichtes Netz an Flug- bzw. Hubschrauberverbindungen, die fast jeden Ort anfliegen. Diese Verbindungen haben allerdings zwei Nachteile: Sie sind sehr teuer und wegen des Wetters nicht immer zuverlässig. Für die durch Verzögerungen entstehenden Kosten kommt aber nicht etwa die Fluggesellschaft auf, sondern der Reisende selbst. Notfälle haben auch immer Vorrang vor gebuchten Passagieren.
Vor der grönländischen Küste verkehren fünf Passagierschiffe. Die *Disko* fährt zwischen Uummannaq und Qaqortoq die ganze Westküste hinauf und hinunter, alle anderen Schiffe bedienen nur Teilstrecken. Die Fähren haben in den Häfen, in die sie einlaufen, mehrstündige Aufenthalte, die meistens lang genug sind, um die Orte zu erkunden. Wer auf dem Schiff in einer Kabine übernachten will, sollte im voraus buchen; sogenannte Deckspassagiere, die in Kojen schlafen, werden so gut wie immer an Bord genommen. Einzige Ausnahme ist die klitzekleine *Aleqa Ittuk*, die an der Südspitze Grönlands verkehrt und nur 27 Passagiere mitnehmen kann. Schiffe sind die bei Grönländern beliebteste Fortbewegungsform, und man kann auf den langen Fahrten nicht nur andere Touristen, son-

Rechts oben: Der Motorschlitten ersetzt in Südgrönland den Hundeschlitten.

Rechts unten: Warm verpacktes Inuitmädchen.

dern auch Grönländer kennenlernen. Alle Ansagen auf den Schiffen sind leider nur auf dänisch und grönländisch.

Innerhalb Grönlands kann man sich natürlich auch mit einem kleinen Schiff oder mit dem Hundeschlitten fortbewegen. Beide kann man mit Steuermann bzw. Führer mieten. Obwohl die längste Straße Grönlands gerade einmal 17 Kilometer lang ist, fahren in allen Städten Taxis, und in Nuuk gibt es sogar eine Autovermietung.

REISEROUTEN. Die Reiseroute, die sich der Einzeltourist zurechtlegt, hängt natürlich von den Fortbewegungsmöglichkeiten ab. Wer die Ausgaben und die Unsicherheit beim Fliegen nicht scheut, kann verhältnismäßig frei planen. Das Reisen mit dem Schiff ist gemächlicher und dem Tempo des Landes sicherlich besser angemessen. Aber es läßt dem Reisenden nur zwei Möglichkeiten: in dem jeweiligen Bestimmungsort eine längere Zeit zu verbringen, bis die Fähre wieder zurückkommt, oder virtuos mit den Fahrplänen zu jonglieren, um mit kürzerem Zwischenstopp von einem Schiff aufs nächste zu wechseln.

Die beliebtesten Reiseregionen auf Grönland sind die Diskobucht und der Südzipfel der Insel. Den Süden kann man mit Narsarsuaq direkt anfliegen und sich von dort aus mit drei verschiedenen Schiffen fortbewegen. Es gibt so viele Möglichkeiten für Ortsbesuche und Ausflüge, daß man sich in dieser Region längere Zeit aufhalten kann. Gleiches gilt für die Diskobucht. Allerdings muß man, um dort hinzukommen, erst nach Kangerlussuaq fliegen und von dort mit der Fähre nach Norden fahren.

KLIMA · REISEZEIT KLEIDUNG

Wer im Badeanzug in der Sonne liegen will, ist in Grönlands arktischem Klima fehl am Platz – das heißt aber nicht, daß man hier nicht braun werden könnte. Während die Temperaturen auch in den Sommermonaten nicht gerade sehr hoch sind, ist das Wetter im Gegensatz etwa zu Island immerhin recht stabil. Das Inlandeis wirkt einerseits mit dem Treibeis im Ozean und dem kalten Polarstrom zusammen wie ein riesiger Kühlschrank, andererseits entsteht durch die Reflexion der Sonne über ihm Warmluft, die im Austausch mit der kalten Luft zu dauernd wehendem Wind führt.

An der vom Golfstrom gewärmten Westküste beträgt die Durchschnittstemperatur im Sommer am Tage zwischen 5 und 18 Grad Celsius – im Norden etwas mehr, im Süden etwas weniger. Die Temperaturen können tagsüber bei Sonne – die meistens scheint – deutlich über 20 Grad klettern. Auf dem Inlandeis sind es im Gegensatz dazu selbst im Sommer nur durchschnittlich minus 11 Grad. Doch auch an der Küste scheint es auf Grund des immer wehenden Windes nie richtig warm zu werden. Darum und wegen der starken Temperaturschwankungen, die innerhalb eines Tages auftreten können, ist es empfehlenswert, stets einen Pullover

und eine wetterfeste Jacke dabeizuhaben. Als beste Reisezeit für Grönland gelten die Monate Juli und August.

Im Winter sind die Temperaturunterschiede zwischen Norden und Süden größer. Während es im Süden »nur« minus 20 Grad sind, kann im Norden die Temperatur auf minus 50 Grad abfallen. Die kälteste auf Grönland gemessene Temperatur wurde am 8. Januar 1954 mit minus 70 Grad festgehalten. Für diese Temperaturen sind Thermowäsche und -unterwäsche, gefütterte Jacken mit Kapuzen und Mützen, dicke Stiefel und warme Handschuhe nötig. Wer im Winter nach Grönland fahren will, sollte das im März oder April tun, da dann das Wetter noch halbwegs stabil ist, muß sich aber

trotzdem im klaren darüber sein, daß die Verkehrsverbindungen oft durch die Witterungsverhältnisse beeinträchtigt werden.

Auf Grönland herrscht meist eine recht niedrige Luftfeuchtigkeit, und die Luft ist ziemlich sauber. Dadurch verstärkt sich jedoch die Sonneneinstrahlung – Sonnencreme und Sonnenbrille sind empfehlenswert. Wegen der grundsätzlich guten und beständigen Wetterverhältnisse gibt es auf Grönland eine phantastische Fernsicht – meist um 20 Kilometer oft sind es sogar bis zu 50 Kilometer! Im Süden kann es gelegentlich Schlechtwetterfronten geben, die die Region für Tage in Nebel hüllen und sich dort ausregnen. Der Nebel, der sich auch an schönen Tagen vor der Küste bildet, löst sich allerdings meist in den Vormittagsstunden auf. Die Gegend um Nuuk hat das schlechteste, niederschlagreichste Wetter des gesamten Landes.

GESUNDHEIT

Eine besondere gesundheitliche Vorbereitung auf einen Grönlandaufenthalt ist nicht nötig. Die «Krankheit», vor der man sich am meisten vorsehen muß, ist eine Erkältung. Sollte es aber doch medizinische Probleme geben – die gesundheitliche Versorgung (außer Zahnbehandlung) auf Grönland ist umsonst. Allerdings bekommt man nicht überall alle Medikamente. Wer ein bestimmtes Medikament regelmäßig einnehmen muß, sollte darum einen ausreichenden Vorrat davon mitnehmen. Es gibt 16 Krankenhäuser, doch bei schwierigen Behandlungen oder Operationen werden die Patienten nach Dänemark verlegt. Dieser Transport muß selbst bezahlt werden. Wasser aus dem Wasserhahn ist immer, das aus Flüssen und Bächen immer außer in den größten Städten trinkbar.

GELD

Die auf Grönland benutzte Währung ist die dänische Krone. Geld eintauschen kann man in den beiden Banken, *Grønlandsbanken* und *Nuna Banken*, oder an Orten, wo es keine Bank gibt, in der Niederlassung der Kalaallit Niuerfiat (KNI) (→ Daten der grönländischen Geschichte). Die *Nuna Banken* verkauft übrigens eine Landkarte Grönlands als Poster, das Flora und Fauna, Zeichnungen von Orten usw. abbildet. Montag bis Freitag von 9 bis 12 und von 13 bis 15 Uhr kann man sich meistens darauf verlassen, daß die Banken offen sind. Man kann problemlos Bargeld umtauschen, Reise- und Euroschecks einlösen, vom Postsparbuch abheben und (zumindest in Souvenirläden, Restaurants und Hotels) von Kreditkarten Gebrauch machen.

ÜBERNACHTUNG

Die Unterkunft auf Grönland kann man in vier «Komfortstufen» wählen: In allen Orten gibt es Hotels, die zwar keine Luxushotels sind, aber durchaus einen gehobenen Standard haben. Etwas billiger sind die Seemannsheime, in denen tatsächlich auch Seeleute übernachten. Die Seemannsheime sind verhältnismäßig gut ausgestattet (vor allem haben sie gute Restaurants/Cafeterien, die man auch besuchen kann, wenn man nicht dort wohnt), aber wenn sie voll sind, wird man unter Umständen in ein Mehrbettzimmer gesteckt. Eine aktuelle Liste der Hotels und Seemannsheime bekommt man vom dänischen Fremdenverkehrsamt. Narsaq, Narsarsuaq und Qaqortoq haben Jugendherbergen. Es gibt auf Grönland keine Campingplätze, aber in allen Orten sind bestimmte Plätze ausgewiesen, an denen man sein Zelt aufschlagen kann. Die örtliche Touristeninformation sagt einem, wo diese Plätze sind. Leider haben sie keine sanitären Einrichtungen, aber zumindest meistens einen See oder Bach. Schließlich gibt es noch die Unterkunft auf den Fähren. Fast alle Fahrten dauern über Nacht, und man kann entweder in Kabinen oder in Kojen schlafen. Für die Deckspassagiere gibt es Gemeinschaftsduschen.

ESSEN UND TRINKEN

Lebensmittel aller Art sind in den Läden der Kalaallit Niuerfiat (KNI) zu kaufen, die an dem blauen und grünen Logo mit einem Eisbären zu erkennen sind. Kulinarische Spezialitäten in Grönland haben natürlich fast alle mit dem Meer zu tun.

Der Kajakfahrer in traditioneller Kleidung scheint mit seinem schmalen Boot beinahe zu einer Einheit zu «verschmelzen».

Das zähe Fleisch von Robben wird in Würfel oder sehr dünne Scheiben geschnitten und in vielen Variationen lange gekocht, bis es zart genug zum Essen wird. Eine besondere Spezialität ist die vitaminreiche rohe Robbenleber, die man am Hafen bekommt, wenn gerade eine Robbe ausgenommen wird. Oft kriegen Touristen die Leber sogar umsonst, wenn sie Mut beweisen, indem sie sie an Ort und Stelle essen. Als Delikatesse gilt Robbenfleisch, das monatelang unter Steinen eingegraben wird und dadurch angeblich einen gorgonzolaähnlichen Geschmack erhält.

Walsteak steht in seinem Geschmack und seiner Zartheit Rindersteak in nichts nach. Eine grönländische Spezialität, die man in jedem Supermarkt kaufen kann, ist *mattak*: in Würfel geschnittene Walhaut, die einen kokosähnlichen Geschmack hat und auf der besonders grönländische Kinder gern stundenlang herumkauen.

Heute wie in alten Zeiten wird Fisch vor allem durch Trocknen an der Sonne haltbar gemacht.

Fische in großer Auswahl – Lachse, die über Moos und Heidekraut würzig geräuchert werden, Heilbutt, Forelle und viele andere – kommen frisch aus dem Meer. Grönlandkrabben und Grönlandkaviar sind nach ihrem Herkunftsland benannt. In vielen Restaurants wird das Fleisch von Rentieren, Moschusochsen und Lamm in verschiedenen Zubereitungen angeboten. Typisch grönländische Getränke gibt es eigentlich nicht – bis auf grönländischen Wodka und Aquavit, die angeblich aus Gletschereis hergestellt werden, allerdings in Dänemark. Daneben brennen die Grönländer selbst einen Schnaps namens *imiaq*. In den Supermärkten stehen hauptsächlich dänische Getränke. Erstaunlicherweise kann man aber auf ganz Grönland nirgends eine Flasche Coca-Cola kaufen.

SPORTLICHE AKTIVITÄTEN

ANGELN. Grönland ist ein Paradies für Angler, da die Fische offenbar nach jedem Köder schnappen. Die beliebtesten Fische sind Lachs und Bergforelle; daneben gibt es reine Salzwasserfische wie Dorsch, Heilbutt, Grönlandhai, Rotbarsch und Seewolf. Für das Angeln im Meer und in Fjorden braucht man keine Lizenz (außer wenn man Lachs angelt), für das Angeln in Binnengewässern schon. Die Lizenz gibt es in Hotels, Touristeninformationen und bei der Polizei, wo man auch aktuelle und spezielle Beschränkungen erfragen kann. Die Ausrüstung sollte auf jeden Fall von zu Hause mitgebracht werden, denn auf Grönland ist sie sehr teuer.

BERGSTEIGEN. Bergsport ist auf Grönland in jeder nur denkbaren Schwierigkeitsstufe möglich. Die meisten Berge sind nur wenige Male bestiegen worden, und noch gibt es einige, die auf ihre Erstbesteigung warten. Für richtige Expeditionen, zum Beispiel eine Ost-West-Überquerung des Inlandeises, ist allerdings eine Genehmigung des Danish Polar Institute, Strangade 100, DK-1401 Kopenhagen K nötig. Von Einzelexkursionen wird wegen der Weite und Leere des Landes dringend abgeraten. Der Deutsche Alpenverein und der Dänische Wanderverein bieten geführte Bergwanderungen im Süden Grönlands an.

Ein neuer, lebensgefährlicher Sport ist das Besteigen von Eisbergen. Das mag für einige vielleicht eine große bergsteigerische Herausforderung darstellen, deren Realisierung aber eher ein Unternehmen für Selbstmordkandidaten ist.

JAGEN. Eine Lizenz ist unbedingt erforderlich. Es gibt sie wie die Angellizenz in Hotels, Touristeninformationen und bei der Polizei. Gejagt werden dürfen nur Rentiere, Eisfüchse, Schneehasen und einige Vogelarten. Auch hier müssen spezielle Beschränkungen wie Jagdzeiten, Mengenbegrenzungen etc. auf jeden Fall beachtet werden. Vollkommen vor der Jagd geschützt sind Eisbären, Falken, Moschusochsen, Robben, Schnee-Eulen und Seeadler.

KAJAKFAHREN. Die Küstengewässer Grönlands sind wie geschaffen zum Kajakfahren. Zwei Dinge sollte man dabei beachten: Es gibt auf Grönland keine Kajaks zu mieten, also müssen sie mitgebracht werden; und die Gefahr durch Eisberge, auch kleinere, darf nicht unterschätzt werden. Längere Kajaktouren bedürfen einer Genehmigung durch die Behörden.

SKIFAHREN. Organisierte Skiwanderungen oder kombinierte Ski-/Hundeschlittentouren unter Leitung erfahrener Führer werden von mehreren Veranstaltern angeboten. Skifahren auf Grönland ist aber körperlich anstrengender als anderswo und setzt daher gute Kondition voraus. Von Alleingängen ist auch hier stark abzuraten. In Ammassalik, Nuuk, Qaqortoq, Sisimiut und im Skizentrum Apussuit bei Maniitsoq gibt es auch Abfahrtspisten mit Skiliften.

Interessiert beobachten diese Kinder ihren Vater beim Zerlegen einer Robbe.

DER *TUPILAK* – EIN SEELENFRESSER

Sein Gesicht ist eine zähnefletschende Dämonenfratze, sein Körper ein grotesker Zwitter aus Mensch und Tier: Ein rechter *tupilak* hat vor allem grimmig auszuschauen. Was sich Grönlandtouristen als ein exotisches, kunsthandwerkliches Souvenir fürs Bücherbord mit nach Hause nehmen, ist zum Glück nur das Abbild eines *tupilaks*. Ihm fehlen dessen magische, unheilbringende Eigenschaften, die ihm einst der Geisterglaube der Inuit zuschrieb. Für die Eskimo war der *tupilak* ein übernatürliches Hilfsmittel zur Konfliktbewältigung – mit weitblickendem Hintersinn, wie er vielen religiösen Kulthandlungen innewohnt. Denn als allseits gefürchteter Unglücks- und Todbringer half der *tupilak* immer wieder, Mord und Totschlag

aus den kleinen Jägersiedlungen zu verbannen, wo oft das Überleben einer größeren Gemeinschaft von Familien vom Zusammenhalt aller abhing.
Geriet ein Eskimo mit seinem Nachbarn in ernste Auseinandersetzungen, suchte er den Angakok, den geisterkundigen Schamanen des Dorfes auf. Er war der einzige, der sich darauf verstand, aus Tier- und Menschenknochen und aus persönlichen Gegenständen des Kontrahenten einen möglichst bösartig aussehenden *tupilak* zu fertigen. Diesem verliehen Zaubersprüche die magische Kraft, fliegend, schwimmend oder kriechend sein Opfer zu finden und es zu töten. In den *tupilak* eingearbeitete Knochen von Robben oder vom Wal sollten den Gegner ertrinken lassen, die gräßliche Fratze sollte ihn zu Tode erschrecken, die gefletschten Zähne ihm die Seele aus dem Leib reißen. Stand der Gegner besser mit den übernatürlichen Mächten, konnte der Seelenfresser sich durchaus auch unversehens gegen den eigenen Auftraggeber wenden.

Für das Zuammenleben in den kleinen Schicksalsgemeinschaften hatte das den Vorteil, daß sich die Kontrahenten nicht gleich eigenhändig erschlugen – sie übertrugen vielmehr die Lösung des Konflikts dem *tupilak* als Stellvertreter. Die tiefsitzende Furcht vor dessen magischer Allmacht veranlaßte den Gegner nicht selten zum Einlenken. So wuchsen sich Konflikte gar nicht erst aus. Und die häufigen natürlichen Unglücksfälle im gefahrenstrotzenden arktischen Alltag, die irgendwann auch einmal einen der Kontrahenten treffen konnten, sorgten dafür, daß die Furcht vor der Bedrohung durch den *tupilak* nicht verlorenging – selbst wenn das Unheil zunächst ausblieb.
Trotz vieler mündlicher Überlieferungen hat der Spaten der Archäologen kein einziges Exemplar eines alten *tupilaks* ans Licht fördern können. Die ältesten bildlichen Zeugnisse sind Zeichnungen, die Inuit der Ostküste vor 110 Jahren für Gustav Holms Frauenboot-Expedition anfertigten. Die heute verkauften *tupilaks* sind mit viel grönländischer Phantasie nachempfundene Fabelwesen. Seit der Artenschutz die Verwendung von Pott- und Narwalzähnen verbietet, müssen die Schnitzer jetzt zu Rentiergeweih, Holz oder Speckstein greifen. Auch für den *tupilak* hat eine neue Epoche begonnen. *Hans Joachim Kürtz*

Beliebte Mitbringsel aus Grönland sind die kunstvoll geschnitzten Tupilaks. Diese älteren Exemplare bestehen noch aus Narwal-Elfenbein, das heute nicht mehr verwendet wird.

WANDERN. Grönland bietet dem Wanderer eine riesige Palette an Möglichkeiten – von Spaziergängen über kurze Exkursionen bis zur mehrtägigen Tour. Einige Routen sind unter «Wanderungen und Ausflüge» (*siehe Seite 80*) genauer beschrieben.

SOUVENIRS

Von den verschiedenen kunsthandwerklichen Erzeugnissen, die auf Grönland hergestellt werden, sind Schnitzereien aus Speckstein, die Szenen aus dem Inuitalltag darstellen, am beliebtesten. Aus Wal- und Walroßzähnen, Knochen, Rentiergeweihen und in seltenen Fällen aus Narwalhorn werden *tupilaks* geschnitzt. Paamiut ist der beste Ort, um sie zu kaufen. Aus den originalen Materialien stellen Inuithandwerker auch Modelle von Kajaks und *umiaks* (die größeren «Frauenboote» zur Jagd auf Wale und zum Transport) her. Andere Souvenirs sind das *ulu* oder *ulo*, ein Messer, das von den Frauen benutzt wird, um das Fleisch von der Haut der Robben zu schaben, Harpunen und Hundepeitschen.

Natürlich kann man auch Kleidung aus Robbenfell (wenn man keine ideologischen Bedenken hat) und gestickte grönländische Trachten kaufen. Besonders beliebt sind *kamiks* oder *kamikken*, Stiefel aus Robbenfell. Die pelzverarbeitende Industrie ist in Narsaq und Qaqortoq angesiedelt. Beim Kauf von Produkten aus Robbenfell, Wal- und Walroßknochen sollte man aber auf die Importbestimmungen des Heimatlandes achten. Auf jeden Fall ist bei der Ausreise eine Rechnung vorzulegen – man sollte also nicht von den allgegenwärtigen «fliegenden» Händlern kaufen. Für Felle muß bei der Ausreise eine Steuer entrichtet werden, die bei manchen Geschäften bereits im Preis enthalten ist. Kunsthandwerk kann man in fast jedem Hotel und in allen Läden der Kalaallit Niuerfiat (KNI) kaufen.

Ein ungewöhnlicheres Mitbringsel ist grönländische Rockmusik, die es in erstaunlicher stilistischer Vielfalt und Qualität gibt. Berühmte Gruppen bzw. Künstler sind *Zikaza* und *Ole Kristiansen*. CD's kann man in den größeren KNI-Läden anhören und kaufen, und zumindest in Qaqortoq und Nuuk gibt es auch Musikgeschäfte.

Andere beliebte Souvenirs sind Mineralien und Briefmarken. Die Post verkauft Sets, in denen die enthaltenen Marken erklärt werden (zum Beispiel zu grönländischen Vögeln), und Jahressets.

REISELITERATUR

Literatur zu Grönland gibt es in vier Bereichen: Reiseführer, Sagen, Expeditions- und Reiseberichte und Belletristik.

Die besten deutschen Reiseführer sind Alfred Ludwigs *Grönland* in der Reihe Mai's Weltführer und Hans Joachim Kürtz' Führer bei Ullstein, der *Island und Grönland* gewidmet ist. Unentbehrlich ist der englische Führer *Iceland, Greenland & the Faroe Islands* von Deanna Swaney. Er ist erschienen im Verlag Lonely Planet, und man bekommt ihn auch in deutschen Buchgeschäften, die auf Reiseführer spezialisiert sind. Dieses Buch ist nicht nur spannend und witzig geschrieben, sondern auch unglaublich informativ und praktisch – zum Beispiel ist es der einzige Reiseführer zu Grönland, der Stadtpläne aller Orte enthält. Wer auf Grönland längere Wanderungen unternehmen will, sollte Torbjørn Ydegaards Führer *Wandern in Grönland* (Nordis-Verlag) lesen.

Heinz Barüske hat *Eskimo-Märchen* (Diederich Verlag) herausgegeben, und Knud Rasmussens Sammlung *Der Sängerkrieg. Eskimosagen aus Grönland* (Zerling Verlag) ist in einer neuen Ausgabe veröffentlicht worden. Reiseberichte gibt es unter anderem von Eka Donner, Hans Egede, Arved Fuchs, Stefan Herbin und Tété-Michel Kpomassie.

Leider wurde bis jetzt nicht ein einziges literarisches Werk eines grönländischen Autors ins Deutsche übersetzt. Aber vier Titel der Unterhaltungsliteratur spielen immerhin auf Grönland: Jane Smileys *Die Grönland-Saga* (Fischer Verlag) ist ein historischer Roman, der das Leben der Wikinger auf Grönland etwa zwischen 1350 und 1450 zum Thema hat. In J. Bernlefs *Zwischen Eisbergen* (Suhrkamp Verlag) wird ein dänischer Beamter nach Ilulissat geschickt, um die Hintergründe eines Mordes zu klären. Märta Tikkanens Novelle *Der große Fänger* (Rowohlt Verlag) verbindet eindrucksvoll eine Liebesgeschichte mit Betrachtungen über Geschichte und Gegenwart Grönlands und atemberaubende Beschreibungen der grönländischen Natur. In *Fräulein Smillas Gespür für Schnee* (Hanser Verlag) des Dänen Peter Høeg ist die Hauptfigur halb dänisch, halb Inuit.

Oben: Behälter für Nadeln aus Narwalzahn. Unten: Eisvogel aus Speckstein.

GRÖNLANDS TIERWELT

Es gibt einige Tiere, die nach Grönland benannt sind: Grönlandangler, Grönlandfalke, Grönlandhai, Grönlandhund, Grönlandwal. Diese Tiere sind aber nicht sehr häufig oder schwer zu beobachten. Im folgenden sollen die bekanntesten Tiere vorgestellt werden. Insgesamt gibt es auf Grönland eine reiche Fauna, unter anderem über 200 verschiedene Vogelarten.

EISBÄR. Der *Ursus maritimus* ist Grönlands bekanntestes Tier und findet sich auch auf seinem Wappen. Er kann – aufgerichtet – eine Größe von über drei Metern erreichen

Rentiere leben auf Grönland nicht nur frei, sondern sie werden auch in Farmen gezüchtet.

und wiegt etwa 600 Kilogramm. Sein Fell, das weiß scheint, ist in Wirklichkeit farblos, die Reflexion des Lichtes läßt es weiß aussehen. In den einzelnen hohlen Haaren staut sich die Wärme wie in einem Treibhaus. Der Eisbär hat sich den Lebensbedingungen der Arktis hervorragend angepaßt. Seine Ohren und der Schwanz sind klein, damit sie wenig Wärme abgeben, und unter der Haut hat er eine dicke, isolierende Fettschicht. Seine Augen werden durch ein besonderes Augenlid vor der Helligkeit von Schnee und Eis geschützt; Haare unter den Fußsohlen geben ihm auf dem glatten Untergrund Halt und verhindern, daß er sich auf dem Eis Erfrierungen zuzieht.
Der Eisbär ist ein Fleischfresser, dessen Magen bis zu 70 Kilogramm faßt. Er ernährt sich vorwiegend von Robben, Lemmingen, Vögeln und Fischen, zur Not aber auch von Beeren und Moos, die er auf seinen ausgedehnten Wanderungen findet. Seine Heimat ist das Gebiet nördlich des Polarkreises. Obwohl Eisbären dank der Schwimmhäute an ihren Füßen gut schwimmen und bis zu zwei Minuten lang tauchen können, «stranden» einzelne Tiere gelegentlich auf Eisschollen, mit denen sie in die von Menschen bewohnten südlichen Regionen treiben. Eisbären dürfen nur von Grönländern gejagt werden, die von der Jagd leben. So ist ihr Bestand im Nationalpark auf ungefähr 1500 Tiere angestiegen. Ihre Paarungszeit fällt in die Monate April und Mai, wenn die männlichen Tiere um die zu wenigen weiblichen kämpfen müssen.

EISFUCHS. Auch der *Alopex lagopus* oder Polarfuchs ist ein Fleischfresser, der sich von Kleinsäugetieren, Vögeln und Meerestieren ernährt. Seine Farbe ändert sich zweimal im Jahr mit der Temperatur: Im Sommer ist das Fell dunkel, im Winter ist es schneeweiß und dick. Der Eisfuchs lebt vor allem in der nördlichen Tundra des Pearylandes in Baus am Fuß von Hügeln. Er ist das einzige Säugetier, das sich über ganz Grönland verbreitet hat.

Schneehasen sind an den Küsten anzutreffen.

LEMMINGE. Die 8 bis 14 Zentimeter langen Kleinsäugetiere *Lemmini*, von denen es mehrere verschiedene Arten gibt, sind für die Wanderungen bekannt, auf denen viele von ihnen umkommen. Lemminge halten sich im Winter unter der schützenden Schneedecke auf.

MOSCHUSOCHSE. Der *Ovibos moschatus* aus der Familie der Ziegen ist ein ungefähr zwei Meter langes, eineinhalb Meter hohes und zwischen 300 und 400 Kilogramm schweres, gedrungenes Tier. Die Weibchen sind etwas kleiner als die Männchen. Beide Geschlechter haben abwärts geschwungene Hörner und langes, zottiges, schwarzbraunes Fell mit hellbrauner Unterwolle. Das Fell hält Feuchtigkeit und Kälte ab, und unter ihm finden die Jungtiere Schutz. Moschusochsen leben in Herden aus 10 bis 50 Tieren, die aus einem erwachsenen Leitbullen, mehreren Kühen und ihren Kälbern bestehen. Im Sommer kämpfen die Leitbullen mit jüngeren Bullen um die Herrschaft über die Herde. Die Herde drängt sich zum Wärmen aneinander, und zur Verteidigung gegen Bären und Wölfe nimmt sie die sogenannte «Igelstellung» ein, bei der die erwachsenen Tiere – mit den geschwungenen Hörnern nach außen – um die jungen herum einen Kreis bilden.

Ponys gibt es als Nutztiere in Südgrönland.

Robben, die sich auf kleinen Eisschollen ausruhen, sind eine willkommene Beute für Eisbären.

Moschusochsen ernähren sich von Binsen und Flechten. Sie lebten ursprünglich nur in der östlichen Tundra Grönlands, sind aber in den letzten 30 Jahren von den Menschen auch in den Westen umgesiedelt worden. Dort leben heute etwa 2000 Tiere. Auf Grönland besteht ein absolutes Jagdverbot für Moschusochsen.

RENTIER. Das *Rangifer tarandus* ist zwischen 130 und 220 Zentimeter lang und 80 bis 150 Zentimeter hoch. Rentiere ernähren sich von Gräsern, Sträuchern und Flechten wie dem Rentiermoos und müssen ausgedehnte Wanderungen in Herden unternehmen, um diese Nahrung in ausreichender Menge zu finden. Beide Geschlechter der Rentiere tragen Geweihe.

ROBBE. In Grönlands Küstengewässern leben verschiedene Arten der Gattung *Pinnipedia*: *Ringelrobbe, Grönlandrobbe, Seehund* und *Klappmütze*. Von der am häufigsten vertretenen Art, der Ringelrobbe, gibt es auf Grönland einen Bestand von etwa 2 000 000 Exemplaren. Sie leben vor allem im Norden und Osten der Insel. Auch *Walrosse* gehören zur Familie der Robben. Robben sind Säugetiere – müssen also immer wieder zum Atmen an die Oberfläche kommen –, aber ihre Gliedmaßen haben sich flossenähnlich entwickelt. Sie schwimmen hauptsächlich mit der Kraft ihrer hinteren Rumpfmuskulatur. Eine ausgewachsene Robbe ist etwa einen Meter lang und wiegt bis zu 90 Kilogramm. Zur Fortpflanzung suchen Robben das Land auf. Die Jungtiere werden in Schneehöhlen geboren und haben zunächst ein gelblichweißes Fell. Nach vier bis fünf Wochen häuten sie sich und entwickeln das typische hellgraue, gefleckte Fell.

Oben: Krabbentaucher kommen zum Brüten an die Küste. – Unten: Schlittenhundbabys.

SCHNEEHASE. Auch beim *Lepus timidus* wird das Fell im Winter weiß – bis auf die Ohrenspitzen, die schwarz bleiben. Der Zeitpunkt des Farbwechsels hängt von der jeweiligen Temperatur ab.

SCHNEEHUHN. Der *Lagopus* ist der einzige Vogel, der im Winter ein weißes Federkleid bekommt; im Sommer ist es braun. Seine Füße sind zum Schutz gegen die Kälte mit feinen Daunen bedeckt.

WALE. In den Gewässern entlang der grönländischen Küste leben etwa 20 Walarten. Die größten unter ihnen sind der 30 Meter lange *Blauwal* und der 20 Meter lange *Grönlandwal*, die beide vom Aussterben bedroht und daher geschützt sind. *Tümmler, Weißwal, Grindwal* und *Finnwal* werden häufiger gesichtet und dürfen auch gejagt werden. Ein besonderer Wal ist der viereinhalb Meter lange *Narwal*, aus dessen Oberkiefer ein in sich gedrehtes Horn wächst. Dieses auch für Schnitzereien begehrte Horn führte dazu, daß der Narwal mit dem Einhorn in Verbindung gebracht wurde, weshalb er fast bis zum Aussterben rücksichtslos gejagt wurde.

GRÖNLANDS PFLANZENWELT

Bei aller Kälte gibt es auf Grönland eine erstaunlich variationsreiche Pflanzenwelt mit über 500 Arten. Im Sommer sind die Felder und Wiesen von Pflanzen in allen Farben übersät, zum Beispiel von Butterblumen, Wollgras, Heidekraut und Ehrenpreis. Die grönländische Nationalblume ist das purpurrote Weideröschen, das die Grönländer *niviarsiaq*, Jungfrau, nennen. Selbst in diesem arktischen Klima blühen vier verschiedene Arten von Orchideen.

Auch eßbare Pflanzen gibt es in Hülle und Fülle. Eßbare Pilze wie Steinpilz, Maronen und Rotkappen kommen zahlreich vor; angeblich gibt es keinen einzigen giftigen Pilz auf Grönland. An Beeren finden sich

Blaubeeren, Preiselbeeren und Mehlbeeren. Eine typisch grönländische Pflanze ist die Gebirgsangelika, die bis zu zwei Meter hoch wird. Ihre Stengel sieht man oft auf grönländischen Märkten: Sie sehen aus – und schmecken ähnlich – wie Rhabarber. Bäume gibt es auf Grönland kaum; sie können im arktischen Klima nicht überleben. Typisch für Grönland ist die 10 bis 20 Zentimeter hohe kriechende Zwergbirke. Nur geschützt im Inneren der Fjorde wachsen einige Birken bis zu sechs Meter hoch. Der größte Baum, den Grönland vorzuweisen hat, ist allerdings aus Styropor: Es ist der Weihnachtsbaum hinter dem Postamt des Weihnachtsmanns in → *Nuuk*.

KLEINE EISKUNDE

Das Inlandeis auf Grönland bedeckt 1799850 Quadratkilometer. Man teilt es in eine Nord- und eine Südkuppel. Das Inlandeis ist eine Art riesiger *Gletscher*, durch den sich das darunter liegende Land absenkt. Im Inneren des Gletschers liegt das *Firneis*, das durch Schmelzen und Wiedergefrieren von Schnee entsteht. Am Rand des Inlandeises befinden sich die *Gletscherzungen*, die sich ins Meer bewegen. Ihre Geschwindigkeit hängt von ihrem Untergrund, der Temperatur und dem Druck des Firneises ab. Der »schnellste« Gletscher ist der bei Ilulisat, dessen Gletscherzunge sich auf einer Breite von acht Kilometern pro Tag 30 Meter ins Meer schiebt. Das Eis, das so ins Meer geschoben wird und dort abbricht, nennt man dann *Eisberg*. Eisberge können bis zu 100 Meter aus dem Wasser ragen. Der Reisende in Grönland kann sie überall, in den unglaublichsten Formen, sehen. Etwa ein Sechstel bis ein Zehntel eines Eisberges schwimmt über Wasser. Durch Schmelzen über der Wasseroberfläche und Unterspülung darunter kann er sein Gewicht verlagern und umkippen oder auseinanderbrechen. In beiden Fällen können je nach Größe des Eisberges Flutwellen entstehen, die bis zu 50 Kilometer weit zu spüren sind. Das Auseinanderbrechen ist von einem kanonenähnlichen Knall begleitet, der, wenn man ihn das erste Mal hört, sehr erschrecken kann.
Schließlich gibt es noch *Meereis*, das durch Überfrieren der Meeresoberfläche entsteht. Dies ist die einzige Art von Eis, die aus Salzwasser entsteht, das erst bei etwa minus 1,8 Grad Celsius friert. Durch Druck, Niederschlag und Überschiebung kann auch Meereis bizarre Formen annehmen; es

Farbenpracht im Herbst: Blaubeeren, Wollgras, Blutaugenflechte und eine arktische Form des Traubensteinbrechs (von oben nach unten).

wird aber nie so dick und schwer wie Eisberge. Meereis, das von allen Seiten fest und unbeweglich ist, nennt man *Packeis*. Packeis gibt es vor allem im Norden und Nordosten Grönlands. Wegen dieses Packeises hat es bis heute noch kein Schiff geschafft, ganz um Grönland herum zu fahren.

NATURPHÄNOMENE

NORDLICHT. Die *Aurora borealis* ist ein in den nördlichen Polargebieten nachts zu beobachtendes helles, meistens grünes oder rosa Licht am Himmel. Wegen der elektrischen Ladung kann eine bestimmte Sonnenstrahlung nur an den Polen durch das Magnetfeld der Erdatmosphäre dringen. Dort regt diese Strahlung Atome und Moleküle dazu an, von allein zu leuchten. Nordlichter treten vor allem im März und im Oktober auf, sind aber auch Ende August und im September zu sehen.

MITTERNACHTSSONNE. Nördlich des Polarkreises steht am längsten Tag des Jahres die Sonne 24 Stunden lang am Himmel. Den ganzen Sommer über wird es nie richtig dunkel, und auf Schiffsfahrten entlang der Küste sieht man die Fjorde von der Mitternachtssonne erhellt.

DER NATIONALPARK

Ein großer Teil des Inlandeises im Nordosten der Insel – etwa ein Viertel seiner Fläche – und die nördliche Tundra Grönlands wurden 1974 von Dänemark mit 700 000 Quadratkilometern zum größten Naturschutzgebiet der Welt erklärt und 1988 auf 972 000 Quadratkilometer vergrößert – eine Fläche, die fast dreimal so groß ist wie die Bundesrepublik. Hier leben Moschusochsen, Schneehasen, Rentiere, Eisfüchse und 1500 Eisbären unter vollkommenem Schutz. Menschen leben im Nationalpark nur in den kleinen Wetterstationen Mesters Vig und Danmarkshavn und im Militärstützpunkt Daneborg. Der Nationalpark ist für Touristen allerdings nur in organisierten Touren zugänglich.

SEHENSWERTE ORTE VON A BIS Z

Nachdem jahrhundertelang nur die dänischen Namen der Orte auf Grönland benutzt wurden, versucht man heute zunehmend, die Namen in der Sprache der Inuit zu verwenden. Es gibt von allen Orten

Oben: Blüten des Mittleren Wintergrün.
Mitte: Rundblättrige Glockenblume.
Unten: Fruchtstand der arktischen Weide.

Oben: Neben solchen farbenfrohen, aber ungenießbaren gibt es auch zahlreiche eßbare Pilze.
Mitte: Der zarte Flaum einer verblühten Silberwurz schimmert im Gegenlicht.
Unten: Der Felsen-Ehrenpreis blüht in den kurzen Sommern nur im äußersten Süden Grönlands.

DIE RUINEN DES WEISSEN MANNES

Auf den Spuren der Wikinger

Die Gründe für das Verschwinden der Wikinger auf Grönland sind bis heute ungeklärt. Vielleicht fielen sie einer Verschlechterung des Klimas und einer daraus resultierenden Hungersnot zum Opfer. Möglicherweise wanderten sie geschlossen auf den nordamerikanischen Kontinent aus. Einige Forscher sind der Meinung, daß die Wikinger von englischen oder deutschen Piraten umgebracht wurden. Andere vertreten die Ansicht, die Inuit hätten sie getötet. Schließlich gibt es die These, daß die Wikinger freiwillig zu den Inuit gezogen und mit ihnen verschmolzen seien. Mag auch der Grund für ihr Verschwinden nicht eindeutig sein, die Überreste ihrer Siedlungen sind an einigen Stellen auf Grönland noch zu finden.

Die Wikinger lebten auf Grönland in den zwei Siedlungen Østerbygd (Ostsiedlung) in der Gegend von Qaqortoq und Narsarsuaq und Vesterbygd (Westsiedlung) im Gebiet von Nuuk. Diese alten Siedlungen waren keine Ortschaften im modernen Sinne, sondern weit auseinandergezogene, lockere Ansammlungen von Gehöften und Kirchen.

Die Westsiedlung, in der auf 90 Bauernhöfen bis zu 1000 Menschen lebten, ist fast restlos verschwunden. Drei Gehöfte, die von Archäologen ausgegraben und zur Besichtigung freigegeben wurden, sind *Sandnæs, Nipaatsoq* und *Anavik*. Wer sie besuchen möchte kann sie aber nur mit dem Hubschrauber erreichen.

Die Ruinen der Ostsiedlung sind noch überall zu sehen. Bei Wanderungen von fast allen Orten im Süden Grönlands erkennt man die Umrisse von Gebäuden, aber drei Stellen sind archäologisch und touristisch besonders interessant.

Bei Narsarsuaq liegt der alte Hof Eriks des Roten, *Brattahlid*. Gebäude stehen hier nicht mehr, aber einige Grundrisse sind geblieben. Sie stammen aus unterschiedlichen Zeiten. Von den zwei Kirchen datiert die frühere aus der Zeit um 1000; sie gilt als die Kirche Thjodhilds, der Frau Eriks. Vor einigen Jahren entdeckte man in Brattahlid eine Grabstätte, und die Leiche darin wurde als die Eriks bezeichnet, aber dafür gibt es eigentlich keine Beweise. An einem Hügel über Brattahlid hat der grönländische Künstler Sven Havsteen Mikkelsen ein Kunstwerk angebracht. Es gibt den Plan der Siedlung wieder und ergänzt ihn durch symbolische Darstellungen einiger Aspekte des Lebens der Wikinger. Von diesem Hügel aus hat man übrigens den besten Überblick über die Ruinen.

Etwas schwieriger zu erreichen, aber unbedingt einen Besuch wert sind die Ruinen von *Hvalsey*. Im Zentrum steht hier die Ruine einer Kirche, das am besten erhaltene wikingische Bauwerk auf Grönland. Die Kirche war 8 mal 16 Meter groß, mit 150 Zentimeter dicken Wänden. Die Wände stehen noch bis zu einer Höhe von fünfeinhalb Metern, aber das Dach fehlt. Die Kirche ist parallel zum Ufer des Fjords, an dem sie steht, in einen Hang eingebaut. In dieser Kirche fand das letzte historisch verbürgte Ereignis in den Wikingersiedlungen statt: Eine Hochzeit vom 14. September 1408. Weiterhin stehen in Hvalsey Ruinen von Gebäuden, Ställen, Hallen und einem Brunnen. Insgesamt sind es 21 Bauwerke, wobei man noch nicht bei allen weiß, welchem Zweck sie dienten.

Oben: Das am besten erhaltene steinerne Zeugnis der Normannenzeit ist die Ruine der um 1300 erbauten Kirche von Hvalsey.
Mitte: Nur noch Teile der Grundmauern sind vom wikingischen Gardar erhalten.
Unten: Das ehemalige Brattahlid mit den Resten der Kirche Thjodhilds.

Beim heutigen Igaliko finden wir die Ruinen der alten Kirche von *Gardar*, die 1126 zum Bischofssitz erklärt wurde. Aus der erstaunlichen Größe der Anlage erkennt man die Bedeutung Grönlands in dieser Zeit. Mit einem Grundriß von 16 mal 27 Metern stand hier einmal die monumentalste Kathedrale Nordeuropas. In den Ställen war Raum für 100 Kühe. Daneben gab es zum Beispiel einen Schafspferch, einen »Pferdering« zum »Parken« der Pferde von Besuchern, ein Lagerhaus für die Kirchenabgaben der Bewohner Grönlands und Schmieden, Dämme, Wälle, zahlreiche Wohnhäuser – noch heute kann man sich mit etwas Phantasie das blühende Städtchen vorstellen. *Norbert Schürer*

Die alten Kanonen von Aasiaat sollten in dänischer Kolonialzeit fremde Walfänger abschrecken.

einen grönländischen Namen, aber für einige wenige (zum Beispiel Ammassalik, Nanortalik, Narsarsuaq und Uummannaq) existiert kein dänischer Name.

AASIAAT ①. Diese Stadt liegt am südlichen Eingang der Diskobucht. Niels Egede nannte die Stadt im Andenken an seinen Vater Hans Egede dänisch Egedesminde. Die größten Attraktionen Aasiaats sind die zum Schutz gegen Walfänger aufgestellten Kanonen am Hafen aus der Zeit der Stadtgründung und die Kirche, in der ein vom grönländischen Künstler Jens Rosing geschaffenes Altarbild aus Keramik hängt. *77*

AMMASSALIK ②. Der Ort, nach der fast geschlossenen Bucht, an der er liegt, auch Tasiilaq («See») genannt, ist mit 1300 Einwohnern der größte der Ostküste. Die Landschaft hier wirkt auf den Besucher noch karger und abweisender als im Westen. Ammassaliks Flughafen liegt auf einer vorgelagerten Insel. Der kleine Ort *Kulusuk* (dänisch Kap Dan) auf dieser Insel wird häufig von Tagestouristen besucht, die Ausflüge von Island aus machen. *38/39*

ILULISSAT ③. Diese Stadt, dänisch Jakobshavn, ist mit 4500 Einwohnern die drittgrößte Stadt Grönlands. Sie ist leider ein Beispiel dafür, wie die moderne Stadtplanung jegliche Schönheit einer Stadt zerstören kann. Von einem an sich wunderschönen *Aussichtspunkt* in der Mitte der Stadt, den man auf keinen Fall versäumen sollte, sieht man zum Beispiel jetzt in einer Richtung nur noch einen mehrere hundert Meter langen Wohnblock. Sehenswert in Ilulissat sind das *Geburtshaus Knud Rasmussens*, das zu einem Museum ihm zu Ehren umfunktioniert worden ist, und die *Zionskirche* von 1782 direkt am Meer. Außerdem steht hier Grönlands bekanntestes Hotel, das Hotel *Hvide Falk* («Weißer Falke»). Touristeninformation und Souvenirshop in einem sind auch einen Besuch wert. Was Ilulissat aber zu einem Muß für jeden Grönlandurlauber macht, ist der nahegelegene *Eisfjord. 4/5, 37, 40, 41, 46, 48/49, 66, 77*

Knud-Rasmussen-Museum in Ilulissat.

KANGERLUSSUAQ ⑤. Diese Siedlung, besser bekannt unter ihrem dänischen Namen Søndre Strømfjord, liegt am Ende eines 200 Kilometer langen Fjords. Kangerlussuaq hat einen internationalen Flughafen und ist der Knotenpunkt aller Hubschrauberflüge auf Grönland. Von hier aus lassen sich schöne Ausflüge unternehmen (→ Wanderungen und Ausflüge). *55*

MANIITSOQ ⑦ ist die erste Stadt südlich des «Hundeäquators», wo also keine Schlittenhunde gehalten werden dürfen. Ihr dänischer Name Sukkertoppen, «Zuckerhut», stammt von einem auffällig geformten Felsen, der den ursprünglichen Ort überragte, bevor er im Jahr 1781 umgesiedelt wurde. Die alte und neue Kirche in Maniitsoq sind einen Besuch wert, während die Umgebung der Stadt als das beste Jagdgebiet für Rentiere gilt. *53*

NANORTALIK ⑧. Dieser südlichste Ort Grönlands, der auf einer vorgelagerten Insel liegt, wurde 1797 gegründet. Der historische *Ortskern* aus der Mitte des 19. Jahrhunderts ist so malerisch, wie man es sonst nur auf Bildern sieht. Die *Holzkirche* wurde 1913 vom grönländischen Architekten Pavia Høegh erbaut. Die *Jugendherberge* ist in einem winzigen, für den Anfang des Jahrhunderts typischen Häuschen untergebracht.
Nanortaliks Lage an der Südspitze Grönlands hat zur Folge, daß der Hafen selbst im Sommer oft von Eisschollen blockiert wird, die von der Ostküste nach Süden treiben. Auf diesen Eisschollen sitzen gelegentlich auch Eisbären, mit denen allerdings kurzer Prozeß gemacht wird, damit sie nicht über die Schafherden herfallen. Diesen unfreiwilligen Ausflüglern verdankt der Ort seinen Namen, der «Bärenort» bedeutet. Auf seinem Wappen finden sich drei Bären. Besonders in den Monaten Mai und Juni werden viele Robben gejagt, zum Teil noch mit traditionellen Kajaks.

NARSARSUAQ ⑨. Diese Siedlung im Süden Grönlands wurde 1941 von der amerikanischen Luftwaffe gegründet und 1957 an Dänemark übergeben. Narsarsuaq heißt «große Ebene» und liegt in einem schmalen, langen Tal vor einem Gletscher, so daß sich hier eine Flugzeuglandebahn bauen ließ, auf der heute Linienflüge aus Kopenhagen und Reykjavik landen. Die Siedlung selbst besteht nur aus dem Flughafen, einem Hotel, der Jugendherberge, einem Geschäft und einigen Baracken für die Angestellten. Sie ist aber wegen der vielen Möglichkeiten, von hier aus Ausflüge zu machen, für Touristen sehr attraktiv (→ Wanderungen und Ausflüge). *50, 57, 76*

NUUK ⑩. Grönlands Hauptstadt ist mit etwa 15 500 Einwohnern die größte Stadt der Insel und heißt im Dänischen Godthåb. Nuuk ist leider alles andere als schön, und wer in Grönland einen längeren Aufenthalt an einem Ort plant, sollte dies nicht hier tun. Dennoch ist die Stadt einen Besuch wert. Im Hafen liegen Schiffe aus aller Her-

Oben: Die neue Kirche von Sisimiut. – Unten: Nuuk mit dem Egede-Denkmal links auf dem Hügel.

ren Länder. Nuuk hat als Attraktionen das einzige echte Kaufhaus Grönlands, die einzigen Ampeln, einen ausgezeichneten Souvenirladen (Arctic Giftshop) und Grönlands einzigen richtigen Buchladen (Atuagkat), der übrigens auch eine gute Auswahl englischer und deutscher Bücher hat, die sich mit Grönland befassen.

Nuuk wurde 1728 vom dänischen Missionar Hans Egede gegründet. Nur fünf Jahre später folgten ihm Mitglieder der Herrnhuter Brüdergemeinde unter Leitung von Samuel Kleinschmidt. Nuuk wurde Verwaltungszentrum der dänischen Kolonie Grönland, und bis heute ist es Verwaltungs-, Wirtschafts- und Kulturzentrum Grönlands.

In Nuuk sind neben dem Hafen vor allem zwei Gebiete von touristischem Interesse: Im Nordwesten der Stadt der *alte Hafen*, der als solcher nicht mehr benutzt wird. Hier steht zum Beispiel *Hans Egedes Haus*, das von 1728 stammt, somit Grönlands ältestes europäisches Gebäude ist und heute

Die Erlöserkirche von 1832 in Qaqortoq.

vom Premierminister bewohnt wird, und die *Erlöserkirche* von 1849. Von einer Bronzestatue Hans Egedes aus hat man einen guten Überblick über die Stadt. In der Nähe befindet sich auch das *Nationalmuseum*, in dem unter anderem die Mumien von Qilakitsoq liegen, die aus der Thule-Kultur stammen (→ Daten der grönländischen Geschichte). Nuuk erhebt außerdem den Anspruch, Wohnort des Weihnachtsman-

Prächtiges Gotteshaus in Paamiut.

nes zu sein; hinter dem Nationalmuseum befindet sich dessen Postamt.

Im Südwesten der Stadt, direkt am Meer, steht die alte *Herrnhuter Mission* von 1747, in der sich heute das Theologische Seminar der Universität von Grönland befindet. Um die Mission herum erkennt man die Überreste alter Inuitbehausungen. *51, 78*

PAAMIUT ⑪. Der grönländische Name dieses Ortes bedeutet »Volk an der Mündung« und bezieht sich auf die nahegelegene beeindruckende Gletscherzunge, die nach dem dänischen Namen des Ortes *Frederikshåb Isblink* (Inuit: Sioraq) heißt. Wie fast alle Orte hat Paamiut eine *Kirche*, die hier allerdings besonders sehenswert ist, und ein kleines, aber feines *Museum*. *78*

QAANAAQ ⑫. Diese Siedlung, deren Name »Fleischplatz« bedeutet, ist die nördlichste bewohnte Gemeinde der Welt. Sie hat ihren dänischen Namen Thule von einem griechischen Geographen aus dem vierten Jahrhundert vor Christi Geburt entliehen, der das nördlichste Gebiet der Erde als *ultima thule* bezeichnete. Qaanaaq darf nur mit Sondergenehmigung besucht werden, da es sich um ein (US-amerikanisches) militärisches Sperrgebiet handelt. Vom Landeplatz sind es noch einmal 200 Kilometer bis zur eigentlichen Siedlung.

QAQORTOQ ⑬. Nicht umsonst gilt diese Stadt, die dänisch Julianehåb heißt, als eine der schönsten Städte Grönlands. Sie wurde 1775 vom Norweger Anders Olsen gegründet, aber nach der dänischen Königin Juliane benannt. Vom Hafen aus erstreckt sich die Stadt, die 3500 Einwohner hat, fächerförmig einen Berghang hinauf, und die üblichen häßlichen Wohnsilos stehen erst auf der anderen Seite des Berges, wo man sie nicht sieht. Vom Wasserturm aus hat man einen schönen Überblick über die Häuser und die Bucht von Qaqortoq. Der *alte Stadtkern* befindet sich nahe am Hafen um Grönlands einzigen Springbrunnen herum. In diesen Brunnen waren die Namen berühmter Grönländer eingelassen, aber inzwischen sind fast alle Buchstaben herausgebrochen und gestohlen worden. Doch abgesehen davon ist der Stadtkern wirklich wunderschön, mit hervorragend restaurierten alten Gebäuden, in denen heute unter anderem das Büro der Kalaallit Niuerfiat (KNI), eine Böttcherei (in einem Fachwerkhaus) und eine Bäckerei arbeiten. Das gut bestückte *Museum* ist in einer alten Schmiede aus dem Jahr 1871 untergebracht. Zum Museum gehört eine im ursprünglichen Zustand restaurierte *Torfhütte*, wie sie traditionell von den Inuit bewohnt wurde und das *Forstanderskabshaus*, in dem Grönlands erste demokratische Vertretung untergebracht war. Sehenswert ist außerdem die *Erlöserkirche*. Diese Kirche wurde 1826 in Norwegen vorgefertigt, und die Einzelteile wurden zwei Jahre später nach Grönland verschifft. Unglücklicherweise strandete das Schiff, und die Kirche konnte erst 1832 mit dem geretteten Holz errichtet werden. In ihr hängt Grönlands ältestes Votivschiff, eine Kopie des Handelsschiffes «Wal» (1804), und der Rettungsring der «Hans Hedtoft», eines Passagierschiffs, das 1959 auf seiner Jungfernfahrt mit 95 Menschen an Bord sank (→ Wanderungen und Ausflüge). *78*

SISIMIUT ⑭. Grönlands zweitgrößte Stadt hat 5100 Einwohner, liegt knapp nördlich des Polarkreises und heißt auf dänisch Holsteinsborg. Das Gebiet des heutigen Sisimiut wurde bereits vor 3000 Jahren von Mitgliedern der Sarqaq-Kultur zum ersten Mal besiedelt. 1764 wurde die Stadt am heutigen Platz gegründet.
Sisimiut ist die erste Stadt nördlich des «Hundeäquators» – die südlichste Stadt, in der Touristen vor fast jedem Haus angekettete Schlittenhunde, auf oder neben dem Haus den dazugehörigen Schlitten sehen. Das Wahrzeichen Sisimiuts ist die Holzkirche von 1773 im *alten Stadtkern* und das davor stehende etwa fünf Meter hohe Tor aus einem gewaltigen *Walfischkiefer*. *78*

UUMMANNAQ ⑮. Dieser Ort im Nordwesten Grönlands – auf 70 Grad nördlicher Breite ungefähr auf einer Höhe mit Hammerfest in Norwegen – liegt auf einer gleichnamigen kleinen Insel. Das Städtchen ist eines der wenigen auf Grönland ohne moderne Wohnsilos. Der Ort wird überragt von einem 1200 Meter hohen spitzen Berg aus Gneis, der Namensgeber für Ort und Insel war. Uummannaq heißt nämlich «Herz», und die Inuit stellen sich das Herz mit der Spitze nach oben vor. Der Berg ist nur von Expeditionen zu erklimmen, aber bis zu seinem Fuß können auch Touristen wandern. Er schimmert bei wechselnden Lichtverhältnissen wunderschön in allen möglichen Farben.
Sehenswert im Ort Uummannaq sind die Kirche und das Museum. Die *Kirche* ist eine der wenigen steinernen auf Grönland: Sie wurde 1935 mit Granit aus der Umgebung erbaut. Vor der Kirche steht noch eine alte

Die alten Torfhäuser in Uummannaq gehören heute zu einem Museum und geben ein Bild von der traditionellen Lebensweise der Eskimo.

Torfhütte, und neben ihr befindet sich das *Museum*, in dem unter anderem eine Wand dem deutschen Grönlandforscher Alfred Wegener gewidmet ist. Dem Museum ist eine kleine Galerie mit Bildern zeitgenössischer grönländischer Künstler angeschlossen. Eine weitere Attraktion auf der Insel ist das Domizil des *Weihnachtsmannes. 9, 15, 16, 17, 20/21, 26/27, 53, 66/67, 79, 84/85, 86*

kløft – eine steile Klippe, von der sich alte oder kranke Inuit freiwillig in den Tod stürzten, um der Gemeinschaft nicht mehr zur Last zu fallen – und eine alte *Inuitgrabstätte*. Dort wurden die Inuit unter Steinhaufen begraben, da die Erde meist zu hart oder zu dünn war, um Gräber auszuheben. Heute fehlen hier die oberen Steinschichten, und man sieht die Knochen und Schädel in den offenen Grabstätten liegen.

(559 Meter), die beiden Berge der Insel, oder die Ruinen der alten Wikinger- und Inuitsiedlung auf der der Stadt gegenüberliegenden Seite der Bucht, oder der Elvirastrand an der Spitze der Insel, wo man besonders gut fischen kann.

VON NARSARSUAQ ⑨. Von Narsarsuaq aus bietet sich die Möglichkeit, das Tal hoch bis zu einer 300 Meter hohen Wand zu lau-

Mit etwas Glück kann man vor Grönlands Küsten Wale beobachten – in den Gewässern vor der Insel gibt es noch 17 Walarten.

WANDERUNGEN UND AUSFLÜGE

VON ILULISSAT ③. Von Ilulissat aus kann man eine schöne, kurze Wanderung machen (hin und zurück etwa fünf Kilometer). Geht man südlich aus der Stadt, kommt man zunächst an einem modernen Friedhof vorbei und dann bald zum *Eisfjord* (Inuit: Kangia, dänisch: Jakobshavn Isfjord). Hier schiebt ein Gletscher seine Zunge auf einer Breite von acht Kilometern mit einem Tempo von 30 Metern pro Tag ins Meer. Etwas weiter oben am Fjord liegt die alte Inuitsiedlung *Sermermiut*. Die Grundrisse einiger alter Hütten sind noch zu erkennen. Zu dieser Siedlung gehören die *Kaellinge-*

VON KANGERLUSSUAQ ⑤. Hier ist der Küstenstreifen zum Inlandeis am breitesten, und darum steigen auch die Temperaturen am höchsten, bis deutlich über 20 Grad. Von der Siedlung aus kann man, seitdem das militärische Sperrgebiet aufgehoben worden ist, phantastische Wanderungen oder Radtouren machen – die Grönländer selbst veranstalten in diesem Gebiet Sommerlager für ihre Kinder. Es gibt auch organisierte Ausflüge, auf denen man Herden von Moschusochsen begegnet.

VON NANORTALIK ⑧. Auf der Insel Nanortalik sind viele verschiedene Wanderungen möglich. Lohnende Ziele sind zum Beispiel *Ravnefjeldet* (308 Meter) oder *Qaqarsuasik*

fen, die sich ohne große Probleme erklettern läßt. Von oben erblickt man das *Inlandeis*, zu dem man hinabsteigen kann. Vom Hafen in Narsarsuaq läßt man sich in einem kleinen Boot nach *Qassiarsuk* übersetzen, dem alten Brattahlid Eriks des Roten. Von dort wandert man in etwa drei Stunden nach *Tassiusaq*, wobei man in beide Richtungen herrliche Ausblicke auf Fjorde hat.

VON QAQORTOQ ⑬. Als Tagesausflug von Qaqortoq bietet sich eine Umwanderung des Sees Taserssuaq an. Wer länger wandern will, kann noch zwei oder drei Tage weiter zu den Ruinen von *Igaliko* (*siehe Seite 76*) und nach *Itilleq* laufen.

Erst aus der Luft läßt sich ermessen, wie schwierig die Navigation an der stark zerklüfteten Küste Grönlands ist – hier bei Kap Farvel im Süden.

Abendstimmung bei Sarqaq. In der Bildmitte erkennt man eine Gletscherzunge.

Bei Uummannaq: Morgendliches »Ausparken« eines Bootes, an dem sich während der Nacht Eisblöcke verkeilt haben.

Farbenprächtiger Abschied: Blaue Eisberge im Schatten des von der Mitternachtssonne rot erleuchteten Küstenfelsens vor Uummannaq.

Hubert Stadler, geboren 1954. Seit 1989 regelmäßige Veröffentlichungen in Reisezeitschriften und Reiseführern. Im Verlag C. J. Bucher u. a. Bildautor von Begegnung mit dem Horizont «Patagonien», «Feuerland · Kap Hoorn», «Osterinsel» und «Galapagos». Lebt in Fürstenfeldbruck bei München.

Hans Joachim Kürtz, geboren 1933. Journalist, Buchautor, langjähriger Skandinavien-Korrespondent des ZDF. Lebt in Kiel.

Norbert Schürer, geboren 1966. Studium der Anglistik, Germanistik und des Kulturmanagements, mehrere wissenschaftliche Veröffentlichungen. Lebt in Berlin.

TEXTNACHWEIS

Brehms Tierleben – der große Brehm, Bd. I. Säugetiere 1. Teil (gekürzte Ausgabe der zweiten Originalauflage, Ausgabe letzter Hand), Berlin: Safari Verlag 1964.

BILDNACHWEIS

Alfred-Wegener-Institut für Polar- und Meeresforschung, Bremen: S. 36 (2)
Archiv für Kunst und Geschichte, Berlin: S. 64, 65 (2), 71 (2).
Fritz Dressler, Bremen: S. 51 o., 76 o., 78 M.
The Greenland National Museum and Archives, Nuuk, Grönland: S. 51 M. und u.
Manfred Horender, Glücksburg: S. 53 o. u. M., 68, Schutzumschlag-Rückseite.
Hans Joachim Kürtz, Kiel: S. 67 o. und u., 70 u.
Rolf Müller, Ølstykke: S. 9, 14, 38/39, 47, 52 M. und u., 62, 72 o., 73 (3).
Niklas Bildarchiv, Mariehamn, Åland, Finnland: S. 72 r.
Silvia Scholpp-Stadler, Fürstenfeldbruck: S. 61.
Achim Sperber, Hamburg: S. 76 M. und u.
Thule itsak – i gamle dage – in days of old, N.O. Christensen/Hans Ebbesen, hg. Arktisk Institut, Charlottenlund, Dänemark, 1985: S. 28 (3).
W. R. Weber, Darmstadt: S. 1, 42 (4), 44/45.
Alle übrigen Abbildungen stammen von Hubert Stadler, Fürstenfeldbruck.
Die Karte auf Seite 63 zeichnete Astrid Fischer-Leitl, München.

Alle Angaben dieses Bandes wurden von den Autoren sorgfältig recherchiert und vom Verlag auf Stimmigkeit und Aktualität geprüft. Allerdings kann keine Haftung für die Richtigkeit der Informationen übernommen werden. Für Hinweise und Anregungen sind wir jederzeit dankbar. Zuschriften bitte an Verlag C. J. Bucher, Lektorat, Goethestraße 43, 80336 München.
Wir danken allen Rechteinhabern und Verlagen für die Erlaubnis zu Nachdruck und Abbildung. Trotz intensiver Bemühungen war es aber nicht möglich, alle Rechteinhaber zu ermitteln. Wir bitten diese, sich an den Verlag zu wenden.

BEGEGNUNG MIT DEM HORIZONT · GRÖNLAND
Konzeption: Axel Schenck
Lektorat: Dorothea Steinbacher, Katrin Ritter
Bildgestaltung: Joachim Hellmuth
Graphische Gestaltung: Barbara Markwitz
Herstellung: Angelika Kerscher

Technische Produktion:
Fotosatz Ressemann, Hochstadt; Repro Ludwig, A - Zell am See; Bentrup Druck, Bielefeld

Printed and bound in Germany
ISBN 3 7658 0895 4

BEGEGNUNG MIT DEM HORIZONT

Die letzten wahren Abenteuer

BEGEGNUNG MIT DEM HORIZONT. *Wer sucht sie nicht – die letzten, wahren Abenteuer? Die Begegnung mit der Natur fernab von jeglicher Zivilisation, das Erlebnis weiter Landschaften, die Erfahrung fremder, exotischer Lebensräume fern vom rasenden «Fortschritt» des 20. Jahrhunderts, in denen Zeit und Raum eine völlig andere Bedeutung gewinnen? Die neue Reihe bei Bucher bringt die Naturschönheiten und unberührten Ecken unserer Erde ein Stück näher. Wagen Sie die Begegnung mit dem Horizont!*

Herausragende Ausstattung:
Durchgehend vierfarbig. Hardcover mit Schutzumschlag. Mit farbigem Vor- und Hintersatz. Mit doppelseitigem Inhaltsverzeichnis. Mit exklusiv entwickelter Farbkarte und ausführlichem Reiseteil. 6 bis 7 Spezialthemen in ganz- und doppelseitigen Kästen.
Jeder Band 88 Seiten. Format 24 x 30 cm.

BUCHER
Maßstab für Bildbandqualität